新时代“枫桥经验”的创新实践及中国式基层治理现代化研究

王黎鹏　著

中国出版集团有限公司
華文出版社

图书在版编目（CIP）数据
新时代“枫桥经验”的创新实践及中国式基层治理现代化研究 / 王黎鹏著. -- 北京 : 华文出版社, 2025. 3. -- ISBN 978-7-5075-6154-8
Ⅰ. D625
中国国家版本馆CIP数据核字第202525K8A0号

新时代“枫桥经验”的创新实践及中国式基层治理现代化研究

作　　者：王黎鹏
策划编辑：董　易
责任编辑：刘　健
特约编辑：王　燕
出版发行：华文出版社
地　　址：北京市西城区广外大街305号8区2号楼
邮政编码：100055
网　　址：http://www.hwcbs.cn
电　　话：总编室 010-58336210　编辑部 010-58336238
　　　　　发行部 010-58336267　010-58336202
经　　销：新华书店
印　　刷：北京建宏印刷有限公司
开　　本：710mm × 1000mm　1/16
印　　张：9.5
字　　数：160千字
版　　次：2025年3月第1版
印　　次：2025年3月第1次印刷
标准书号：ISBN 978-7-5075-6154-8
定　　价：58.00元

目 录

引　言

一、研究背景和意义

经过革命、建设和改革的历史实践，由中国共产党带领中国人民开创的中国特色社会主义事业正在不断发展。今天，作为世界上最大的发展中国家，中国已经进入经济发展新常态，基层社会的发展正在面临转型升级的挑战，许多新问题、新矛盾不断产生。与之相对应，社会治理的新理念、新方法、新探索也层出不穷。理论是实践的总结，也是实践的先导。半个多世纪以前，诞生于浙江农村的“枫桥经验”，始终伴随着基层社会的变迁而持续发展，始终解决着基层社会实践中出现的矛盾和问题，始终坚持“从实践中来、到实践中去”的发展逻辑，尤其是党的十八届三中全会全面部署社会治理体制机制创新以来，“枫桥经验”逐步转型升级为社会治理经验，已经从一地一时的基层工作方法和工作经验发展成为中国特色社会主义社会治理理论的重要组成部分。2023 年 11 月召开的纪念毛泽东同志批示学习推广“枫桥经验”60 周年暨习近平总书记指示坚持发展“枫桥经验”20 周年纪念大会，对坚持创新发展新时代“枫桥经验”、加快推进基层社会治理现代化作出全面部署，强调要以习近平新时代中国特色社会主义思想为指引，坚定不移走中国特色社会主义社会治理之路，把“枫桥经验”坚持好、发展好，把党的群众路线坚持好、贯彻好，加快形成共建共治共享的基层社会治理新格局，努力建设更高水平的平安中国，不断增强人民群众的获得感、幸福感、安全感。

（一）研究背景

在习近平新时代中国特色社会主义思想体系中，国家治理体系和治理能力现代化具有重要的理论与实践价值，这也成为新时代中国基层社会治理研究与实践的理论基础。在党的十八届三中全会上，习近平总书记指出：“我们要更好发挥中国特色社会主义制度的优越性，必须从各个领域推进国家治理体系和治理能力现代化。”[①] 国家治理体系和治理能力现代化被正式确定为国家发展的总体战略目标，被学术界称为“第五个现代化”。

基层社会治理现代化是国家治理现代化的基础和重要组成部分。从顶层设计和实现逻辑来看，基层社会治理现代化主要包括治理思想、治理理念、治理结构、治理机制、治理工具以及治理能力六个层面的内容。

创新社会治理理念与治理思想是新时代中国全面深化改革的题中应有之义。习近平新时代中国特色社会主义思想中关于社会治理的重要论述，其理论根源是马克思主义基本原理以及毛泽东思想等马克思主义中国化的重要成果；而其实践基础是改革开放40多年来中国社会发展变迁以及社会治理实践探索。

改革开放40多年来，中国基层社会治理体系的建设，相对滞后于经济的快速发展和社会的剧烈转型，尽管20世纪90年代提出了“社会管理”的概念，但是在治理实践中遵循的核心理念首先还是维护稳定的社会秩序和良好的社会治安，尽管解决了一些当时存在的社会问题，但是已无法适应新时代带来的新变化新挑战。有学者指出，“我们目前所处的时代是VUCA（易变Volatility、不确定Uncertainty、复杂Complexity、模糊Ambiguity）的时代”[②]，有人也称之为“移动互联网时代、物联网时代、万物互联时代”[③]。这些新变化带来了社会需求、社会利益、社会结构、社会心态、社会空间、社会关系的深刻调整，基层社会治理体系和基层社会治理结构必须随之相应调整。

从社会治理的体制机制和方式方法来看，不能把中国的基层社会看作一个封闭运行的独立体，简单地从管理和服务的角度去实现治理；而是要看到，中国的基层社会自古以来就把国家发展与社会诉求、把政治权力和基层利益紧密

① 《习近平谈治国理政》（第一卷），外文出版社2014年版，第91—92页。

② Sharda S. Nandram，Puneet K. Bindlish, *Managing* VUCA *Through Integrative Self-Management*, Basel: Spring International Publishing, 2017,pp.3-14.

③ 王勉：《基于创新流程的创新战略与创新模式分析》，《科技管理研究》2014年第6期，第11页。

联系在一起。因此，基层社会治理的体制机制、方式方法从来不仅仅是政治选择和制度设计所垄断的，更是社会各要素之间的科学布局与分配。

习近平总书记指出，社会治理的重心必须落到城乡社区，社区服务和管理能力强了，社会治理的基础就实了。这事实上是对社会各种治理要素科学分配的基础性要求，是社会治理重心由着眼于社会稳定的外部环境方向，向着力于人的全面发展的转变，是基层社会治理创新的重点领域。

英国学者迈克尔·曼（Michael Mann）曾经从两个维度对国家权力作出精辟结论。他认为，社会运行首先需要国家专制权力（Despotic power）：一般治理情景下，在不必与其他社会利益集团进行制度性讨价还价的前提下，国家精英集团可以自行决定行动的范围（Range）；其次，维持社会运行还需要国家基础性权力（Infrastructural power），通常指国家治理能力，在政治运行结构中，国家权力事实上逐步单向渗透进入基层社会之中，在执政权力的范围内有效贯彻政治决策的能力（Capacity）。① 从现实层面来说，社会治理体制机制的创新，更多体现了这样一种国家的基础性权力，或者说治理性权力。

实际上，自从清末以来国家治理现代化就成为学者和政治领袖关注的重点。清末民初，西风东渐。中国有不少政治家和革命家研究观察传统政治制度中“制度与人、政治权力与社会”的关系。严复在其《政治讲义》中提出限制政府权力尤其是专制权力进入基层社会，基层社会需要在自治基础上寻求各种利益再分配。孙中山阐述“三民主义”时则强调，当时中国社会处于一盘散沙的状态，急需建立国家观念，用政治权力整合基层社会，把基层民众有效组织起来。有学者指出，这两种似乎矛盾的观察，实际上在各自运行范围内并不矛盾，它们所概括的恰恰是传统中国政治的两个最基本的特征，一方面是国家权力管辖范围宏大宽泛；另一方面是国家实际渗透基层社会的能力软弱无力。② 英国学者约翰·豪（John Hall）也很好地描述了中国传统社会的这一状态：“那些描述‘传统’帝国的著作或者倾向于强调它们的强大，或者强调它们的软弱。但是，这两者都是现实的存在，

---

① 张春雷：《实践呼唤与理性思考——评〈中国国家能力报告〉》，《中国图书评论》1994 年第 4 期，第 17 页。

② 贺东航：《面对中国现代国家构建的思考——兼评福山的〈国家构建——21 世纪的治理与世界秩序〉》，《社会主义研究》2007 年第 5 期，第 86 页。

帝国的悖论(而不是自相矛盾)是它们的强大——即它们的宏伟遗址、它们的专断、它们对人的生命的轻蔑——掩蔽了它们的社会软弱性，这种强大恰恰建立在并反映了其社会软弱性，这些帝国无力深入渗透、改变并动员社会秩序。”①

由此可见，对中国基层社会来说，实现社会治理体系和治理能力现代化绝不仅仅是一个“自上而下”的政治问题或制度设计问题：一方面，作为治理的权力主体，政府要具备组织动员基层社会的能力、为人民提供优质公共服务的能力以及调节社会利益矛盾、构建治理格局和空间的能力；另一方面，作为治理的权力主体，基层社会的所有要素都应该具备参与主动治理的能力、通过治理获得治理成果的途径和对治理效果的最终评判权。

（二）研究意义

本书的研究基本对象为中国基层社会治理，重点研究新时代“枫桥经验”的基础经验影响和未来实践方法。在社会治理研究中，如何维护基层社会和谐稳定的秩序一直都是学者们关注的重点，也是坚持发展新时代“枫桥经验”的重点。从研究内容来看，悠久的人文历史、庞大的人口规模、快速的经济发展和激烈的基层社会转型，为中国基层社会治理研究提供了丰富的素材与广阔的空间。在研究方法上，着眼具体微观、注重田野调查的实践逻辑成为学界共识。就社会治理研究来说，即使是专注于“国家”层面、“政治”视角的方向，也常常以微观社会也就是社区、村落的实践为前提，同时，微观的考察又需要具备横向的文化比较和纵向的发展眼光，符合人自身发展以及社会发展的基本理路。归纳起来，无论是研究国家权力在基层社会的运行，还是研究基层社区村落的自治，大多以解决社会矛盾纠纷、居民利益分配和社区良性发展等实际社会问题为出发点。

基层社会是整个社会结构有序、运转稳定的基础。在现实政治表现中，有“基础不牢，地动山摇”的说法。从这一点来说，基层社会治理体制机制的改革是全面深化改革的基础问题。由此出发，可以推导出基层社会治理必须解决的基本问题：一是基层社会矛盾纠纷及时化解；二是城乡居民公共服务资源均衡

---

① 赵黎:《社会变迁中乡村社会民间法的历史命运》，南京师范大学硕士学位论文，2002年，第17页。

分配；三是社会治安保持良好局面；四是社会风险隐患及时发现；五是社会心态健康有序。作为社会发展整体情况的基础性衡量指标，推进基层社会治理现代化是实现中国共产党"两个一百年"奋斗目标的必要性、基础性条件。因此，系统研究基层社会治理的基本规律、主要功能、结构体系、运行方式、主要问题以及具体做法等，对研究马克思主义中国化理论、研究中国特色社会主义理论体系以及对指导社会实践活动都具有基础性的、十分重要的意义。

第一，对基层社会治理问题的研究，是对中国特色社会主义社会建设理论的丰富和完善。党的十八大之后，中国共产党明确提出社会治理的概念，从社会管理到社会治理，社会治理的主体由"政府一元主导"向"政府与多元社会主体互动协同"转变，治理方式由"自上而下包办"向"共建共治共享"转变，彰显了基层社会与民众在社会治理中的基础性、主体性地位。这是中国共产党对中国社会发展规律的深刻把握、是对社会主义社会建设思想进一步完善发展的重大理论创新。党的十九届四中全会指出："完善共建共治共享的社会治理制度，完善党委领导、政府负责、民主协商、社会协同、公众参与、法治保障、科技支撑的社会治理体系，建设人人有责、人人尽责、人人享有的社会治理共同体，确保人民安居乐业、社会安定有序、国家长治久安。"[①] 从理论上研究新时代"枫桥经验"的内涵，把握中国基层社会治理的根本，探寻有利于实现基层社会治理现代化的机制和途径，对深化和拓展中国特色社会主义社会建设具有重要的理论意义。

第二，从实践上来说，对基层社会治理问题的研究，是对中国社会面临风险挑战与机遇选择情况的系统分析与总结，并且能为党和国家制定相关政策提供可参考性意见，有助于实现"国家长治久安、社会安定有序、人民安居乐业"的社会建设目标。

首先，对基层社会治理问题的研究，有助于应对风险社会的挑战。当今中国，经济社会深刻变革，"发展转型、改革攻坚、矛盾叠加"三期融合。一方面，各种风险相互交织、交叉共振，不断形成新的综合性、顽固性风险；另一方面，风险传播面扩大、传播速度加快，不断产生风险裂变扩散的"蝴

① 《〈中共中央关于坚持和完善中国特色社会主义制度、推进国家治理体系和治理能力现代化若干重大问题的决定〉辅导读本》，人民出版社2019年版，第30页。

蝶效应"。基层社会治理的首要目标就是从根本上解决矛盾、化解纠纷、防范风险，这就需要提升对社会安全隐患和风险的预测预警预防能力。"枫桥经验"诞生之初，就是缓解基层社会矛盾的地方创举，半个多世纪以来，它"依靠群众发现、预防、解决基层社会矛盾风险"的基本思路在不同历史时期衍生出各种行之有效的工作举措，为当前解决基层社会治理问题、应对社会风险挑战提供了参照。

其次，对基层社会治理问题的研究，有助于推进基层社会治理现代化。以互联网、人工智能、大数据、区块链等为代表的现代科学技术蓬勃发展，正在深刻改变人类的生产生活方式，快速重塑社会的运行和组织规律，互联、共享等新概念已经实践于基层社会治理的方方面面。从新时代"枫桥经验"的典型案例中可以清晰看到：现代科学技术正在有效调动社会治理资源、科学分配公共服务资源，正在前所未有地激活社会单元和社区个体的治理动能，正在形成智能化基础上的社会治理多元有机组合和行动方案。

最后，对基层社会治理的研究，在社会进步层面有助于满足人民日益增长的美好生活需要。对当今中国社会做深入分析，人民群众在生活日益富足的同时，需求多元、诉求多样，尤其是对民主、法治、公平、正义提出了更高的要求，如何着力解决人民群众"急难愁盼"的突出社会问题？如何让人民群众在基层社会生活中拥有更多更高更好的获得感、幸福感、安全感？是改革发展的当务之急，也是各级党委政府的工作重心与工作目标。党的十九大报告开宗明义，将"坚持以人民为中心"确立为社会主义新时代坚持和发展中国特色社会主义的基本方略和基本理念之一，这意味着在经济政治社会发展各领域、全过程都要坚持这一基本方略和基本理念，而"以人民为中心"恰恰是新时代"枫桥经验"的题中应有之义，也是新时代"枫桥经验"的灵魂所在。

二、国内外研究综述

（一）国内相关研究综述

对"枫桥经验"的国内研究论文多、专著少。相关研究可分为关于定义定位、发展沿革、实践运用等三个方面。

1. “枫桥经验”定义定位的研究

对“枫桥经验”的定义，随着不同历史时期社会矛盾性质、类型和表现的不同，以及所承担使命的发展变化，研究者提出过不同的定义与定位。相关学者有如下研究成果：

“枫桥经验”最初被定义为“依靠和发动群众，坚持矛盾不上交，就地解决，实现捕人少，治安好”的经验。到了20世纪90年代初，针对农村突出社会问题，又将其定义为“小事不出村，大事不出镇，矛盾不上交”。1998年“枫桥经验”35周年时将其定义为“党政动手，依靠群众，预防纠纷，化解矛盾，维护稳定，促进发展”的经验。值得关注的是，这一时期一些研究者开始着力研究“枫桥经验”的内涵和思想根源，蒋国长、徐向群等就认为：“‘枫桥经验’科学的内涵包括以人为本，与时俱进，公平正义，和谐稳定。”①

2013年，纪念毛泽东同志批示“枫桥经验”50周年大会在浙江杭州召开。以此为始，各方面的研究开始注重归纳其在各个历史时期对不同社会问题的不同定位。中共绍兴市委党校研究团队认为，“枫桥经验”在不同的历史发展时期有着针对不同问题解决的内在含义：20世纪60年代初到70年代末，是改造“四类分子”和帮教工作的经验；20世纪80年代初到21世纪头十年，是作为“社会治安综合治理”的经验；2013年至今，发展为基层社会治理的经验。②事实上，有关“枫桥经验”的定位研究始终与其在基层社会治理实践中发挥的作用紧密相连，学者们大多从其发展创新的角度进行研究，宛诗平在《让“枫桥经验”的旗帜高高飘扬》中提到如果出现矛盾纠纷，要将矛盾化解在基层，为社会和谐发展营造良好的社会环境。中国人民公安大学教授马亚雄在《“枫桥经验”与群体性事件处置》提到，“枫桥经验”的精髓是以人为本，调和化解社会矛盾，不断促进和增强社会的和谐与稳定。③“枫桥经验”的精髓50多年来没有改变，

---

① 蒋国长、徐向群、施峥：《新的历史起点上“枫桥经验”的时代内涵》，《浙江警察学院学报》2009年第1期，第35页。

② 陈建国、杨宏翔：《“枫桥经验”与新城镇社会管理创新研究》，中国社会科学出版社2013年版，第9—10页。

③ 马亚雄：《“枫桥经验”与群体性事件处置》，《公安学刊（浙江警察学院学报）》2013年第3期，第14页。

它的精髓是以人为本，目标是和谐稳定，途径是发动和依靠群众，基石是基层基础，生命力在于与时俱进。“枫桥经验”想问题、办事情都是从“人民”的角度出发，这也是“枫桥经验”50多年屹立不倒的原因之一。①

2.“枫桥经验”发展沿革的研究

60多年来，中国基层社会生态、社会问题不断演进变化，中国基层社会治理体制机制也随之不断调整进步，这些客观条件催生孕育了“枫桥经验”。对“枫桥经验”的发展沿革有以下研究成果：

将“枫桥经验”发展分成三个阶段：第一阶段是政治斗争和社会改造的经验；第二阶段是群众广泛参与社会治安综合治理的经验；第三阶段是村民自治、基层民主法治建设的经验。②将“枫桥经验”发展划分为诞生阶段（始于1963年）、前进阶段（始于1971年）、发展阶段（始于1991年）和深化阶段（始于1998年）四个阶段。③

3.“枫桥经验”在基层实践中运用的研究

从诞生于枫桥小镇到当今推广于全国各地，“枫桥经验”始终在中共中央组织的历次经验推广过程中不断发展。60多年来，“枫桥经验”早已超越地方经验的范畴，成为全国各地基层社会治理实践经验的代名词，而且已经应用到社会治理的各个领域、各个环节中。实践是理论的先导，在有关“枫桥经验”的研究中，实践运用方面的研究相对较多：

（1）“枫桥经验”与多元化矛盾纠纷解决机制

改革开放以来，“枫桥经验”是作为基层矛盾纠纷解决的工作经验首先进入学者们的研究视野的。尹华广在《“枫桥经验”以“大调解”推进农村社会管理创新的实践与启示》中指出：“枫桥经验”贵在坚持调解优先，依法调解，贵在基层充分发挥人民调解、行政调解、司法调解的作用④；王秋杰在《“枫桥经验”语境下大调解机制的完善》中指出，健全调解衔接机制，人民调解、行政调解、

① 孙丽娜、高策：《“枫桥经验”研究文献综述》，《商丘职业技术学院学报》2015年第6期，第23页。

② 汪世荣：《提升基层社会治理能力的“枫桥经验”实证研究》，《法律适用》2018年第17期，第11页。

③ 史济锡：《创新“枫桥经验”推进法治建设 构建和谐社会》，《政策瞭望》2006年第9期，第15页。

④ 尹华广：《“枫桥经验”：以“大调解”推进农村社会管理创新的实践与启示》，《常州大学学报（社会科学版）》2013年第14期，第57页。

司法调解是一个相互联系的整体，要形成三调联动、三调衔接、三调互补的大调解运作机制[①]。

（2）“枫桥经验”与流动人口服务与管理

流动人口问题是改革开放以来出现的新型社会问题，也是基层社会矛盾产生的新源头。作为东部发达地区的半工业化乡镇，枫桥镇较早面临城乡两元结构下的流动人口问题，也较早在“枫桥经验”的启发下探索出一套加强改善流动人口服务管理的工作方法，吸引了学者们的关注。绍兴市委党校卢芳霞教授在《“枫桥经验”与流动人口再组织化建设》一文中指出，诸暨市开展“流动人口自治”，建设具备流动人口自我教育、自我管理、自我服务功能的社会组织；[②]韩彬翔在《新“枫桥经验”：基层民主推进与社会和谐的制度创新》中提到，“对于流入地的流动人口管理，应当与流出地合作，建立协同管理机制”；[③]这些研究，反映了“枫桥经验”从源头上预防化解流动人口相关矛盾的独特作用。

（3）“枫桥经验”与基层自治

“枫桥经验”中一直蕴含着丰富的中国传统文化中“和为贵、礼为先”的协商基因，现代民主思想又为“枫桥经验”加入新的利益分配和妥协元素。绍兴市委党校卢芳霞指出：“‘枫桥经验’一直以来都与基层协商民主的实施发展有着天然的内在联系，从基层工作的角度，尤其在预防和化解矛盾方面有着天然默契，基层协商民主的本质是通过组织动员基层群众加强协商、沟通与交流，并在这一过程中达成消除分歧，达成共识，自我化解矛盾的目标。因此，可以把‘枫桥经验’与协商民主有机嫁接。”[④]这些从实践中总结归纳出的观点进一步丰富完善了“枫桥经验”的内涵和外延。

本书涉及的基层社会治理问题，不仅是社会学的主要研究方向，而且也是经济学、政治学、法学、管理学等多学科所关注的内容，因此国内外均有大量

---

① 王秋杰、刘子川：《“枫桥经验”语境下大调解机制的完善》，《广州市公安管理干部学院学报》2013年第2期，第38页。

② 卢芳霞：《“枫桥经验”与流动人口再组织化建设》，《中共杭州市委党校学报》2014年第1期，第54页。

③ 韩彬翔：《新枫桥经验：基层民主推进与社会和谐的制度创新》，《中国行政管理学会2010年会暨“政府管理创新”研讨会论文集》2010年，第69页。

④ 卢芳霞：《基层协商民主与“枫桥经验”创新》，《浙江工业大学学报（社会科学版）》2018年第2期，第134页。

研究。本书参考了以下一些重要研究成果：

第一，20世纪20年代开始，在“西风东渐”的学术氛围影响下，在“救亡图存”的历史使命感召下，一批来自基层社会调查、结合了近现代西方人文思想政治理论并提出重塑中国的政治与社会形态的研究成果不断出现。其中，梁漱溟在《乡村建设理论》中提出“乡村自救”为核心的社会建设理论，认为在当时的中国社会环境和政治格局中，乡村这一中国农民的社会单位，无法找到乡村之外的力量来救助它，中国乡村的出路在于自救，成为中国农村自治理论的基础性文献。此外，费孝通等社会学者开辟了中国基层社会治理研究田野调查的学术路径，诞生了以《乡土中国》（费孝通）、《一个中国村庄：山东台头》（杨懋春）为代表的一系列研究成果，提出了“乡土社会”“差序格局”等中国社会学研究的经典理论。也是在这一时期，毛泽东开始大量实地调研，对中国农村社会进行了细致考察，先后于1925年、1926年、1927年写成了《中国社会各阶级的分析》《中国佃农生活举例》《湖南农民运动考察报告》等调查报告，为中国共产党开展农民运动和进行土地改革等一系列革命活动奠定了理论基础。

第二，改革开放后关于基层社会治理中村民自治的研究。1980年2月5日，广西河池市宜州区屏南乡合寨村村民制定了“村规民约”，成立村民委员会，成为“中国村民自治第一村”。此后30多年，围绕“村民自治”这一主题，学者们进行了深入的研究如张厚安的《中国农村基层政权》、贺雪峰的《遭遇选举的乡村社会》、于建嵘的《岳村政治——转型期中国乡村政治结构的变迁》、徐勇《乡土中国的民主选举：农村村民委员会选举研究文集》等。这些研究集中在村民自治与民主、法治之间的关系上，比如张景峰研究《中华人民共和国宪法》和《中华人民共和国村民委员会组织法》等相关法律，从法学角度把村民自治界定为两种含义，“一是一种法律制度，二是一种法律行为”①。学者们的另一个关注点是基层社会中政府管理者角色与自治主体权利之间的关系，黄辉祥指出：“村民自治从社会自发上升为国家制度是国家赋权于民、‘民主下乡’的过程。”②也有

① 张景峰：《对村民自治概念的法学分析》，《社会主义研究》2003年第4期，第114页。

② 黄辉祥：《“民主下乡”：国家对乡村社会的再整合——村民自治生成的历史与制度背景考察》，《华中师范大学学报（人文社会科学版）》2007年第5期，第10页。

学者提出了“治理真空”的概念，房正宏认为，权力挤压、人口流动、法律不健全，甚至农村“黑恶势力”使得村民自治权弱化。

第三，党的十八大后提出的“社会治理创新”及“基层社会治理现代化”等政策，使基层社会治理研究进入“百花齐放，百家争鸣”的学术繁荣期，一批基层社会治理的研究成果相继出现：贺雪峰的《新乡土中国》，徐勇的《流动中的基层社会治理：对农民流动的政治社会学分析》，何跃军的《基层政府社会稳定治理的法治反思与制度构建》，肖唐镖、史天健的《当代中国农村宗族与基层社会治理》，胡兵的《中国农村基层治理研究》，苗月霞的《中国基层社会治理模式变迁的社会资本分析》，史云贵的《中国基层社会治理机制创新研究》，彭勃的《基层社会治理：国家介入与体制选择》，于水的《基层社会治理与农村公共产品供给：以江苏为例》，童星的《中国社会治理》，陈晓莉的《新时期基层社会治理主体及其行为关系研究》等。学者们在治理主体、权利边界、基层社会需求与公共服务等方面提出了许多创新的研究成果，如郭正林提出“治理主体多元化应该包括政府及其附属机构、村级组织、民间群体及组织等各类基层社会部门与单位”[①]。于建嵘指出：“治理是公共权力对基层社会公共事务的管理。根据公共权力配置的方式不同，治理可以分为控制型治理和自治型治理，基层社会治理的目的是要实现乡村社会有序发展。”[②]还有的学者将基层社会治理主体划分为宏观主体和微观主体。比如，张艳娥认为：“乡镇一级党委政府、村‘两委’是制度性治理主体，农村宗族势力、农民自发组织、农村企业是非制度性治理主体，同时，普通农民、以干部为代表的体制内精英、农村体制外精英构成了社会治理的微观主体。”[③]

基层社会治理多元化发展和“乡政村治”也是近年来学者们的研究重点。在城市社区和农村村庄，大量社会组织进入社会治理各个领域，学者们提出，

① 郭正林：《扩大基层民主：社会主义政治文明建设的基础工程》，《中山大学学报（社会科学版）》2003年第3期，第56页。

② 于建嵘：《经济下行背景下的社会稳定问题》，《华中师范大学学报（人文社会科学版）》2017年第3期，第15页。

③ 张艳娥：《马克思总体制度方法论的当代运用与创新——习近平制度方法论探析》，《党政研究》2018年第3期，第15页。

建立更多的社会组织去带动基层群众参与公共事务，是解决基层社会治理难题的有效办法。比如，阎占定认为，必须引导和规范以新型农民合作经济组织为代表的新型基层社会治理模式的构建。而对"乡政村治"，许远旺、陆继锋认为，从中国传统"官督绅办、乡绅治乡"到中华人民共和国成立后政府包打天下的全能包办，国家行政化对乡村社会的整合是主要方面，而"乡政村治"是国家对乡村社会内部整合与民主化建设的开端。①

总的来看，学者们普遍认为基层社会治理有两个明确的发展方向：一是治理主体由政府一元主导向社会多方参与多元共治转化，并重新确立治理权力、分配治理资源；二是治理结构由自上而下的传统管理向激发基层治理内生动力的现代治理转型。郑风田、李明认为，"只有改革基层治理结构，才能从根本上解决基层社会治理的难题"②。徐勇强调，要"在基层社会治理改革中，对农村利益关系进行再调整"③。温铁军、杨帅提出，要"孕育内生制衡机制，防止外部资源进入基层农村后被农村大户和乡镇精英俘获"④。

党的十八大以来，结合新时代"枫桥经验"，也出现了一些探索和研究基层社会治理创新方面的研究文章，但总的来说还局限在实践描述、总结的层面，在理论总结、研究方面还比较欠缺。

（二）国外相关研究综述

对西方学术界来讲，神秘古老的中国基层社会曾经是西方绝佳的研究对象。1899 年，美国公理会传教士明恩溥在天津、山东农村布道传教的同时，进村入户实地走访，进行了大量的社会学田野调查，并在调查研究的基础上写成了《中国乡村生活》，用社会学方法对中国农村情况和农民生活进行细致的研究与记

---

① 许远旺、陆继锋：《现代国家建构与中国乡村治理结构变迁》，《中国农村观察》2006 年第 5 期，第 45 页。

② 郑风田、李明：《新农村建设视角下中国基层县乡村治理结构》，《中国人民大学学报》2006 年第 5 期，第 126 页。

③ 徐勇：《农民理性的扩张："中国奇迹"的创造主体分析——对既有理论的挑战及新的分析进路的提出》，《中国社会科学》2010 年第 1 期，第 103 页。

④ 温铁军、杨帅：《中国农村社会结构变化背景下的乡村治理与农村发展》，《理论探讨》2012 年第 6 期，第 76 页。

录。[①]1925 年，美国社会学家葛学溥发表《华南的乡村生活——广东凤凰村的宗族主义社会学研究》，对农村家族和相应形成的家族势力进行结构性分析。[②]而在全面侵华战争之前，日本南满洲铁道株式会社组织日本社会学家深入中国农村进行调查研究，完成了 6 卷本的《中国农村惯行调查》，剔除其为侵略活动服务的逻辑，文本直到今天也是研究中国农村社会的重要史料。[③]

中华人民共和国成立后，西方学者着力研究人民公社这一新型的基层社会组织方式，威廉·韩丁（William Hinton）于 20 世纪 60 年代来到张庄，写成了《翻身：中国一个村庄的革命纪实》，20 世纪 80 年代再次到张庄写下《深翻：中国一个村庄的继续革命纪实》，对中国农村基层社会变迁、基层社会问题、农民生产、农村生活方式、乡村社会关系进行了细致入微和理性客观的调查研究和深入分析，也成为研究中国社会变迁的珍贵史料。[④]

改革开放以来，一个非常显著的情况就是中国社会的转型变迁引发了大量社会问题，进一步引发国外学者的研究兴趣。萧凤霞、黄宗智、杜赞奇、欧博文、柯丹青、墨宁、罗伦丝等国外知名学者相继来到中国，与国内学者合作研究，出版了一系列有关当代中国基层政治与社会的研究成果：黄宗智的《华北的小农经济与社会变迁》以及《长江三角洲的小农家庭与乡村发展》，郑永年的《重建中国社会》，萧凤霞的《华南的代理人与受害者》，杜赞奇的《文化、权力与国家——1900—1942 年的华北农村》，弗里曼、毕克伟、塞尔登的《中国乡村，社会主义国家》，戴慕珍的《选举与权力：中国村庄的决策主导者》等。这些国外研究者站在不同立场、带着不同目的、以不同的角度对中国基层社会治理问题进行了广覆盖、跨学科的研究。

首先，是研究者集中关注国家权力（执政权力）在中国基层社会治理中的作用与地位。黄宗智曾经指出，“20 世纪前的国家政权没有完全渗入自然村。它

① 李颜伟：《〈中国乡村生活〉解读》，《天津大学学报（社会科学版）》2003 年第 5 期，第 63 页。

② 徐义强：《葛学溥与 20 世纪初潮州乡村生活的人类学书写——以〈华南的乡村生活〉为中心的讨论》，《汕头大学学报（人文社会科学版）》2013 年第 2 期，第 26 页。

③ 盛邦跃：《对卜凯的中国农村社会调查的再认识》，《学海》2001 年第 2 期，第 119 页。

④ 孟磊：《土地改革背景下乡土社会秩序的变迁与重塑——读韩丁的〈翻身——中国一个村庄的革命纪实〉》《山东科技大学学报（社会科学版）》2017 年第 6 期，第 41 页。

直接的权力限于这个双层的社会政治结构的上层。在下层之中，它一般只能透过士绅间接行使权力，并靠吸引下层结构中的上移分子进入上层来控制自然村”[①]。杜赞奇在《文化、权力与国家——1900—1942年的华北农村》中指出，“如果我们承认国家政权内卷化普遍存在，特别是存在于下层政权，那我们不难发现，在国家力图加强对社会控制的过程中，不同利益集团的压力和冲突是造成内卷化的主要原因”[②]。萧凤霞指出，“远离政权中心的乡村社会自主性强，但是国家行政权力正在不断向乡村挤压，村庄正变成国家权力挤入的细胞社区”[③]。郑永年则认为，“中国社会正面临失序状态，土地问题仍然是农村社会秩序建设的核心”[④]。

其次，关于中国农村政治生活的研究。20世纪80年代以后，国外的研究者开始关注中国农村选举与村民自治。何包钢认为，“村民竞争程度的激烈性说明乡村民主化确实在逐步落实和扎根”，布兰德·斯塔德则认为，“实践中中国的基层民主选举其实是国家权力逐渐从基层社会的撤退，中国基层正在通过这种‘草根民主’逐步转型为公民社会”[⑤]。

此外，国外还有一些对中国基层社会治理问题与路径的研究，包括何包钢的《协商民主：理论、方法与实践》、琳达·雅各布森的《地方治理：村镇直选》、欧博文和李连江的《中国乡村中的选择性政策执行》等。

（三）国内外相关研究评析

长期以来，各级党委政法委、综治委、公检法司等政法部门和浙江省、绍

① 王爱平：《规范认识和史学研究方法的思考——读黄宗智〈华北的小农经济与社会变迁〉、〈长江三角洲的小农家庭与乡村发展〉和〈中国经济史中的悖论现象与当前的规范认识危机〉》，《华侨大学学报（哲学社会科学版）》2004年第4期，第109页。

② ［美］杜赞奇著，王福明译：《文化、权力与国家——1900—1942年的华北农村》，江苏人民出版社2010年版，第63页。

③ ［美］萧凤霞、包弼德等：《区域·结构·秩序——历史学与人类学的对话》，《文史哲》2007年第5期，第5页。

④ 郑永年：《土地问题才是农村社会秩序建设的核心问题》，《中国乡村发现》2016年第4期，第92页。

⑤ 王国辉：《国外村民自治研究的三种理论路径评析及庇护主义视角的提出》，《烟台大学学报（哲学社会科学版）》2013年第1期，第96页。

兴市、诸暨市委、市政府高度重视“枫桥经验”的传承发扬和理论总结工作，组织了大量的经验调研学习和理论研究工作。学术界也有不少学者长期关注研究“枫桥经验”，但是“枫桥经验”理论研究还存在一些不足：1.党委政府主导推进的行政性色彩较强，自发的、常态的研究不够；2.研究成果难以满足指导实践的需要；3.多数研究立足于政法视角，仅将“枫桥经验”作为社会矛盾纠纷化解经验、平安建设经验来把握；4.不同学科的研究者从不同角度看待“枫桥经验”，研究呈碎片化，缺乏全面系统地概括“枫桥经验”的深层机理和现实意义。

这些问题在一定程度上影响了“枫桥经验”理论化研究的效果。

而对中国基层社会治理的研究已经成为跨越社会学、政治学、经济学等多学科的热点研究课题，国内外都诞生了丰富的高质量研究成果。其中包括大量优秀学者常年坚持田野调查、实证分析的一手资料、不断创新丰富发展的各种理论，这些都体现了他们扎实深入的学术素养和底蕴深厚的理论造诣。不断守正出新是后辈学人的责任，从这一要求来看，当前对基层社会治理的研究，仍然有以下一些方面可以继续完善和丰富：

首先,田野调查研究对象的“个性”与中国基层社会治理面临问题的“共性”之间匹配程度不高。面对千差万别的城乡社区村庄，面对发展不均衡的地理空间变化，相关研究缺乏对宏观背景的把握和突出共性问题的解释。因此，需对基层社会整体治理状况和基本概念做进一步研究。

其次，西方学者，包括受西方影响的部分国内研究者，着眼点往往在于政治的合理性叙事，着力点往往集中于国家权力在基层社会中的作用与体现，对基层社会治理中出现的一些自发性组织和一些能动性的方法，以及农民、居民参与治理的方式等研究稍显不足。因此，进一步关注基层社会治理的内生动力，是急需关注的研究方向。

再次，关注“政治—社会”互动影响的研究多，着力“社会—居民”共生共荣关系的研究少，静态的社会建设基础理论研究与动态的社会变革变迁之间存在一定的脱节。因此，理论成果的实践推广效果并不显著。

三、研究思路和方法

（一）研究思路

为了更好回答基层治理现代化及新时代“枫桥经验”的有关问题，本书采取了“结构—过程—功能”的分析框架。众所周知，“结构—功能”主义是西方政治学理论及政治学研究的经典方法之一。它把政治与社会的互动关系看作是一个有机整体，其优点是通过剖析政治结构和政治功能来揭示政治体系运转的规律和产生的影响，有助于理解各类政治现象以及政治现象与社会现象之间纷繁复杂的关系。

然而，与传统的西方政治理论路径不同，中国治理结构的形成更印证了关于治理结构的形成“过程”理论，其主张宏大结构是由若干细小情境中的不断互动扩展而来的，将治理体系视为多重关系不断动态综合的产物。简单套用“结构—功能”框架分析中国的政治实践，存在着不足之处。特别是在中国特色社会主义进入新时代后，社会环境、政民关系、群众诉求的新变化使“结构—功能”主义在分析当下政权与社会关系时会显得过于笼统和粗糙。事实上，权力结构只是政治治理的必要条件，而非充要条件，其不一定必然导致某种功能的达成。在中国，人口、地域、事件、文化传统、政治参与，都有着自己独特的国情。治理本身是一个复杂问题，在现代社会的人员、信息、资源流动以几何倍加速和放大的复杂环境中，我们必须在选择或设计研究框架时就充分考虑和观照到这种复杂性。因此，运用比较分析的方法观察以新时代“枫桥经验”为代表的当下中国基层治理实践，适当地为“结构”和“功能”概念引入一个中间的过渡环节，从而勾勒还原出真实的基层治理过程是必要的。

在对权力结构的分析中，本书从纵向、横向、条块交叉等多个维度，来考察中央及地方、同级各部门之间权力的结构关系和资源的分配整合；透视权力行使的过程有助于我们了解中国基层治理中真实的决策和执行行为，这些行为当然包括正式的和非正式的治理行为，有时还有半正式的治理行为发生；功能正是权力结构和行使过程所共同达到的治理诉求，同时反过来也是维系政权结构存续的关键要素。也就是说，“结构—过程—功能”框架中，结构是一切行为和功能的组织保障，其与政府及治理参与者的具体行为过程共同塑造了基层治理的核心功能；而功能对结构和行为又具有强大的反作用力，它在短期内调适了治理主体的行为，长期看则形塑着权力分配的结构。

根据“结构—过程—功能”这一基本研究框架，本书将以发展的视角，结合我国基层治理的历史与现实，从多个维度剖析基层治理的结构性特征及其发展变化，找到“枫桥经验”之所以能够不断落地生根、持续与时俱进的组织基础，从而回答新时代“枫桥经验”从何处来的问题。进一步探讨在基层治理实践中，治理主体所必须遵循的基本原则，分析当前结构条件下基层治理存在的主要问题，并通过对具体过程的分析发现新时代“枫桥经验”对体制机制障碍的救济方式和破解之道，从而回答新时代“枫桥经验”为什么行的问题。在此基础上，本书将采取综合分析的办法，从更加宏观的意义上阐述以新时代“枫桥经验”为代表的基层治理在应对复杂社会诉求时应该呈现出的核心功能，并对新时代“枫桥经验”如何继续发展完善作出进一步展望，即回答新时代“枫桥经验”往何处去的问题。

同时，笔者也承认这一分析框架仍然具有一定的弊端，那就是其立论过于主观，随着研究的深入，笔者对这一点的感触愈加深刻。阿普特就反对单纯的经验性研究，他认为应把经验和规范研究结合起来，把“结构—功能”主义作为分析政治的起点，但他又把“结构—功能”主义分析的核心内容放在政府，看重了政府的功能，把政府和社会的关系完全看作是作用与反作用的，这是割裂、对立的一种看法。因此，文本更多采取“在场者”的视角，大胆使用基层治理参与者和亲历者的态度观点，尽可能地消除研究中的主观主义和经验主义倾向，在材料选择上注重代表性，在数据使用上做到广泛性，在研究态度上做到中立、客观，并适当开展批判研究，最终保证研究过程和研究结果的公正、严谨。

在“结构—过程—功能”的框架基础上，本书遵循“问题导向—实践分析—理论总结”的逻辑思路，通过对当前基层社会治理问题的分析，以不断发展并逐步丰富的“枫桥经验”为例，结合历史与现实的社会背景和制度变迁提出创新基层社会治理的理论方向和政策建议。

第一，认识到基层社会治理是一个复杂的运行系统，必须把基层社会治理结构是否合理、基层社会治理运行机制是否科学作为研究的基本前提。在研究伊始，首先要了解基层社会治理的基本概念、当代中国基层社会的基本特点，包括基层社会治理的主体是什么、基层社会治理的结构又是怎样的、基层社会治理各主体之间相互如何作用，等等。本书详细分析了基层社会治理的社会功能和构成要素，并在仔细介绍基层社会治理的定义与定位之后，对当前中国基层社会治理的目标进行了阐述，以确保社会良性运行、维系社会正常秩序为目标，通过多方主体参与，协调各种社会关系，化解社会矛盾，分配社会资源，最终实现社会和谐有序又充满活力。

第二，力求客观理性地对当前中国基层社会治理中普遍存在的突出问题和这些问题形成的多维原因进行分析。通过有序有效的治理来进一步实现社会良性运行和经济社会协调发展，是中国基层社会治理的实践方向和首要功能。纵观当代中国，基层社会正面临利益格局深刻调整、矛盾风险多发易发、治理力量不稳不足等突出问题。本书对问题的现状、原因做了较为完整细致的分析。

第三，对基层社会治理的实证案例“枫桥经验”做了较为完整的梳理与总结。“枫桥经验”是典型的中国经验，它的孕育和发展与中国经济社会发展紧密相连，具有“一叶知秋”的实践价值和“海纳百川”的理论基础。本书从历史发展、实际效果、延伸发扬等不同角度观察和分析了其内涵与本质。

第四，以“枫桥经验”为例对完善基层社会治理的逻辑与路径进行总结，提出了党建引领、多元共治，以基层党组织建设为核心、进一步调动社会各方力量参与，形成“三治融合”的基层社会治理格局、构建以智能化为引领的现代治理体系等基层社会治理思路。

（二）研究方法

本书坚持以马克思主义认识论为指导，在“枫桥经验”理论构建的过程中坚持马克思主义矛盾观，坚持运用矛盾分析方法，坚持马克思主义认识论，在对基层社会治理问题的分析和探索实践总结过程中理论联系实际，坚持在实践中发现理论、检验理论和发展理论。具体方法如下：

一是注重问题导向、发展角度的历史研究。基层社会治理面对的社会问题与矛盾，在不同的经济社会发展阶段是不一样的。因此，研究归纳“枫桥经验”的历史演变和提炼“枫桥经验”的内容和价值就要体现新时代的特点，适应新时代社会主要矛盾的变化，比如不能再把“枫桥经验”仅仅作为社会治安的经验、矛盾纠纷化解的经验，而要更加注重挖掘其在实现人民美好生活需要方面的价值。坚持、创新和发展“枫桥经验”，必须准确分析新时代社会矛盾的特点，把握社会矛盾中的变与不变。同时，马克思主义认为真理既是客观的，又是具体的、有条件的。“枫桥经验”之所以历久弥新，就是因为其遵循了我国基层社会治理的内在规律。“枫桥经验”的理论构建必须明确其适用的条件和范围。不能把“枫桥经验”绝对化，否则就容易滑入机械化的泥淖。我们应当既注重对“枫桥经验”的内涵、特征、基本元素和重大理论命题等进行构建，又加强对“枫桥理论”适用条件和范围的研究，只有承认“枫桥理论”的相对性和有限性，才能坚持“枫桥理论”的正确性，才能促使人们根据不同历史阶段经济社会结构和文化传统有选择性或创造性地适用理论，从而避免“南橘北枳”现象的发生。

二是开展理论联系实际的案例研究。运用马克思主义认识论对研究客体进行主动性选择，“枫桥经验”的理论构建过程不是对所有“枫桥做法”进行直接照搬和单纯摹写，而是立足实践基础进行甄别、筛选，由此及彼、由表及里，将那些源于实践、经受实践检验的做法作为研究客体进行科学剖析。同时，运用马克思主义认识论，就是要在理论构建过程中，以“认识世界、改造社会”为基本目的，从理性认识回到社会实践中，遵循、适应、反映基层社会治理理论对社会变化发展产生影响的内在规律。

三是坚持以小见大、由表及里的逻辑分析方法。在以“枫桥经验”为案例研究基层社会治理现代化的逻辑分析过程中，突出“枫桥经验”历久弥新的重要原因在于其是中国基层治理历史逻辑、理论逻辑、实践逻辑的必然结果。真心相信群众、充分依靠群众、积极发动群众是“枫桥经验”最本源的特征；坚持“小事不出村、大事不出镇，矛盾不上交、就地化解”是“枫桥经验”最朴素的内容；坚持党的群众路线与基层社会治理高度融合是“枫桥经验”最具标识性和普遍性的方法路径。离开本源谈理论，将导致“枫桥经验”内容的空洞和形式的泛化，“枫桥经验”的规律探索将成为无源之水、无本之木。对“枫桥经验”进行理论构建，必须坚持实事求是，坚持“破”与“立”的对立统一、相互协调和相互接续。对“枫桥经验”进行理论构建，必须解放思想，及时研究，用新思想、新理念、新办法催生实践的活力。站在国家治理现代化的高度，以国际视野的广度，结合当下中国基层社会的特点，构筑具有中国特色、中国风格、中国气派的基层社会治理应用性理论。

四、主要创新点与不足

（一）主要创新点

通过理论研究和实践调查，本书的创新点主要有以下三个方面：

1. 视角创新

中国基层社会治理现代化显然是一个宏大课题，但是通过对知网的文献进行检索后我们可以发现，学者们对基层社会治理的研究集中在治理主体及治理关系、治理结构与基本手段等相对微观和单一方面的角度。本书试图突破以往乡村治理、基层民主政治研究集中于基层权力构建与权力分配的单一角度，力求从基层社会治理面临的实际问题和不断变化的社会矛盾出发，从整体性视角研究基层社会治理的实践与创新。

特别是在“枫桥经验”研究中，大部分是一种政府主导的对工作经验的分析、提炼、总结，所触及多是功能端的内容。这样的研究取向，显然把“枫桥经验”作为一种普通的治理方式来看待。我们试想，枫桥经验之所以能够历经60年仍焕发出生机与活力，并被执政党反复强调、肯定、推广，不断填充和更新内容、内涵，进而以党的全会报告的形式巩固为基层党委工作方法的范本，其在一定程度上就是代表了中国基层治理现代化的发展方向。因此，本书不只是将其作为一个治理手法来看待，而是将其视作一个完备的治理系统，即一个有机整体来研究。由此，带来了研究视角较之前研究的差异和创新：一是系统和外界的关系视角，注重作为治理系统内部资源与外部环境的相互作用，关注外部环境变迁引发的内部资源的分化和整合。二是整体和部分的关系视角，既然治理系统是一个有机体系，就必定存在整体和部分、总系统和子系统的关系问题。在整体治理体系中，存在着若干与之关系紧密的子系统，基层社会治理就是国家整体治理体系的子系统，而前者又由很多子系统构成，正是这些子系统功能的协同和叠加，呈现出当前我国基层治理的现状。三是传承与发展的关系，本书坚持用发展和联系的眼光，考察“枫桥经验”和我国基层社会治理实践的发展沿革，注重考察其非线性变迁的复杂性。四是从稳定性和能动性的关系看，有放之四海而皆准的真理，却没有一成不变而永远正确的政策，政策的执行固然需要稳定性，但并不代表体系内部拒绝个体的反思和调整。事实上，在“枫桥经验”的发展史上，这种反思空间一直存在，并在新时代更加鼓励各地按照自己所处的内外部环境积极主动地去进行改造和改进，这也正是“枫桥经验”历久弥新的关键所在。

2.资料创新

本书力求做到案例在代表性、普遍性上的穷尽和饱和。对中国基层治理现状的全面描述，无疑是一种宏大同时又充满挑战的叙事尝试。中国基层治理的复杂性，因其涉及的地理、人员、历史、文化、传统、经济、民族问题上的差异程度之大，超出世界上绝大多数政治治理研究的标本对象。本书在研究资料上的梳理和选择，主要具有以下几点创新：一是将新时代“枫桥经验”作为研究对象，但不排除将其他相关的地方治理实践经验也纳入观察视野中，没有将选材的范围只局限于被官方命名为“枫桥经验”的具体经验和事例，而是将新时代“枫桥经验”作为一种导向。凡是能够反映其思想、精神、价值的各地基层治理工作方法，如来自北京的“街乡吹哨、部门报到”、上海的“属地党建”、湖北的“红色+”等工作方法都被吸收入观察范围，将这些基层治理经验作为地方治理探索实践的有机整体，以更多的基层治理实践启示基层治理的进阶路径。二是案例的广度、深度在同类研究中达到了较高水平。同样是在讲“枫桥经验”的落地实施，广东和吉林、新疆和上海、河南和四川，在做法上都存在着许多不同之处。这恰恰是中国政治学的难题,也是其丰富观察样本的来源所在。因此，在选择事例上，本书不仅局限于一地，采用了尽可能多的地域事例作为研究对象，以期能够还原一个在相同历史时期内，各地践行、发展新时代“枫桥经验”的全貌。其中一些资料是首次公开，具有一定的稀缺性。三是“在场”研究的优势，使本书有着较为丰富的实证支撑。在研究过程中，除查阅大量学术研究著作外，笔者还参阅了2016年全国基层社会治理创新工作会议、2017年全国社会治安综合治理表彰大会、2023年毛泽东同志批示学习推广“枫桥经验”60周年暨习近平总书记指示坚持发展“枫桥经验”20周年纪念大会等一系列有关基层社会治理会议的新闻报道、基层经验总结和会议文件。作为这些重大活动和重要文件的参与者、在场者，有机会让笔者对研究课题有着更加深刻的体会，并且在研究中较好地统合了感性和理性、场内和场外、直观和客观的优缺点，较好地实现了理论与实践相结合的研究目标。

3. 理论创新

本书采取了“结构—过程—功能”分析框架对新时代“枫桥经验”的贯彻实施进行分析，是一种全新的学术尝试。首先，权力结构是治理体系的基础，从纵、横双向结构考察，分析得出中央和地方两个面向治理上诉求的异同。中国特色社会主义体制优越性通过现有结构得以展现，那就是在国家战略上集中力量办大事的能力和在地方治理上统筹力量办实事的优势，两者的有效衔接完成了整个治理体系的构建。其次，任何制度体系在拥有先天性长板的同时，也必然存在着结构性的短板，这是一体两面、毋庸置疑的。科层制的责任代理和各平行部门间的协调梗阻，都让治理者在享有结构红利的同时，也在尽力通过各种途径和尝试对体制短板进行救济和改进，这就需要我们在研究中置入过程环节，以明确基层治理中出现的各种变量，以及由此引起的权力重组和资源重构。最后，在结构和过程的作用叠加中，功能是自然而然的结果，但其实际功能和体制在纵、横双向上的诉求是否吻合，则是一个需要在研究中加以留意和观察的问题。在通过这三个环节对“枫桥经验”和基层治理现代化进行分析的过程中，笔者深感实践已经远远走在了理论身前，将西方经典政治学理论进行简单套用，难以全面和详细地回答中国之治的若干问题。“橘生淮南则为橘，生于淮北则为枳”，正如马克思主义原理不断中国化时代化的实现路径一样，西方传统政治学、社会学理论在中国落地生根，就必须关注到中国政治治理实践的特殊性。而在古老的中华大地上正在展开的社会治理现代化实践，为中国学者们提供了无比丰富的研究内容和观察题材，也呼唤着研究者们，坚守制度自信、文化自信、学术自信，为中国特色政治理论体系的构建贡献自己的力量。

（二）不足之处

因受主观能力和客观条件的限制，本书存在以下一些不足之处：

一是比较研究，尤其是国外相关问题的比较研究不足。本书在撰写过程中，着重研读了部分西方社会学经典著作，尤其是一些西方社会学家对社区管理发展的理论研究和对中国基层社会的实践调查报告。但是，受研究能力和时空条件制约，本书缺少对西方基层社会运行机制，尤其是西方社区实际运转方式的比较研究，缺少对新加坡、日本等儒家文化影响圈内国家基层社会发展、运行、沿革的实证调研，也缺少在不同政治制度、不同发展阶段、不同文化环境下，不同国家基层社会、社区所面临的不同问题、社会治理方式的不同特点等内容的比较研究。

二是研究对象的历史纵深挖掘不够。虽然本书以新时代基层社会治理的探索与实践为题，但是“枫桥经验”毕竟诞生于半个世纪以前，而且具有鲜明的中国传统文化特征。本书虽然梳理了“枫桥经验”的发展历史和文化传承，但是对中国传统社会变迁、转型的基本特征和规律缺少深刻的分析和研究。对中国传统文化中人与社会、社会各角色及条件相互间作用的描述不够精细准确。

三是对基于课题调研基础之上的基层实例研究缺乏一定时间范围内的持续观察。在本书撰写过程中，基于笔者工作任务的情况，先后就基层社会治理突出问题、“枫桥经验”的创新和发展、市域社会治理现代化等课题，前后赴全国39个地市，72个村庄（社区）调研，积累了较多的一手实证材料。但是由于时间和精力的原因，一些地点只去一次或最多几次的情况比较多，在一个较长时间段内不断观察记录某个地域治理实践和发展变化的初衷始终未能实现。缺少对某一地域基层社会各方面在一定时间范围内变化发展的持续观察与研究，成为本书研究撰写中最大的不足和遗憾。

第一章　基层治理现代化相关概念及“枫桥经验”发展沿革

一、基层治理相关概念的界定

（一）社会治理概念的界定

伴随着人类社会的逐步形成，个体的人被组织起来，相继出现的社会化大生产和日渐清晰的社会分工，导致社会关系日趋复杂，对社会秩序的需求促使社会管理、治理活动产生。尤其是进入现代社会后，社会资源分配、社会关系调节、社会行为预期与社会秩序的建立和维护，对社会治理体系和治理能力的要求越来越高，对社会治理的内涵与定位不断扩大升级。社会治理已经成为人类社会维系正常社会关系、建立良好社会秩序、规范社会个体与组织行为、合理分配社会资源的一切体系与行为的总和，因此，有了社会治理概念的初步形成。

（二）中国基层治理的历史沿革

从先秦到明清，延绵几千年的中华文明发展出了许多高水平的制度体系，其中的封建制度，既是一种政治制度，也是一种社会制度。最新考古研究表明，公元前2000年左右中原地区出现了早期国家形态，传统认为的夏朝，夏朝的建立标志着中国社会正式从原始社会进入到奴隶社会，同时也标志着国家的正式形成。国家形成以后，社会管理的方式由血缘关系为基准逐渐演变为以地域为核心。[①] 夏朝建立了对地方乡野的管理机构，由中央和地方共同管理，这一制度发展到西周时期，演变为“国野制度”和“什伍制度”。秦帝国建立后，中央集权和君主专制

① 王彦平：《我国农村公共产品供给存在的问题、成因及解决对策》，《理论探讨》2015年第6期，第162页。

的政治制度也充分作用于社会层面，成为对基层社会进行管理的主要模式。虽然有学者提出在封建社会“皇权不下县”的观点，但是从对社会资源（尤其是土地资源）的分配权和对社会基本关系的定义权的控制条件和控制程度来看，“普天之下，莫非王土”的层级管理、集权管理和授权管理才是基层社会管理的实际情况。

19 世纪末到 20 世纪初，在救亡图存的大背景下，乡村建设运动如火如荼。在乡村建设中，体现基层社会权力分配变化的地方自治是一项重要的内容。新民主主义革命时期，中国共产党人制定的土地制度为中华人民共和国成立后的基层社会治理积累了宝贵的经验。但是随着人民公社等制度的建立，中国形成了城乡两元分割、农村社会集体化、城市社会单位化的社会结构，对应采取了对社会事务集中管理、社会生活包办管理的社会管理模式，这是基层社会治理概念的进一步推进。

（三）中国基层治理的概念界定

改革开放以后，城市单位的社会功能逐步剥离，市民逐步由单位人变成了社会人。在农村分田到户的土地联产承包责任制动摇了农村社会大一统管理的物质基础和生产基础，大量农村剩余劳动力离乡进城务工。随之而来的市场经济更是对传统社会管理制度带来巨大冲击——社会个体在社会秩序、社会关系中的作用甚至超过了原来的社会单位。1986 年，民政部在“沙洲会议”提出“社区服务”的要求，第一次把城市社会管理的重心由条线的单位明确到了社区。与此同时，我国农村地区也以村“两委”选举的方式逐渐形成了“乡政村治”的基层治理格局。村居成为社会治理的最基层单位，由此开始中国基层社会治理的概念基本确定。

在这里，笔者把本书所要讨论的中国基层治理的概念规定为：有城市街道、农村乡镇及以下层级党委政府主导的，与各类社会力量协同推动的，以促进基层社会系统协调运转为目的，对基层社会系统的组成部分、社会生活的不同领域以及基层社会发展的各个环节进行组织、协调、监督和控制的过程。

（四）关于基层治理、社区治理、社会治理概念的厘清

在这里，笔者将基层治理、社区治理、社会治理三个概念放在一起进行对比，

从比较的角度，有助于更加清晰地廓清本书所涉及的基础概念，即基层治理的内涵和外延。

基层治理顾名思义，就是对社会基层的治理。什么是基层？在政府语系中，基层是指最直接接触群众、最前端开展工作的政府阶层，或曰基层政权。基层治理就是以基层政权为枢纽的公共产品的配置和秩序的巩固。

“社区治理”有别于“基层治理”的概念，前者更多的是以居委会和村委会等自治组织为主体而开展的较小区域范围内居民或村民的关系重建。也就是说，社区治理关注于村居层面，基层治理关注于街乡层面。

“社会治理”指的是在一段时间内对一个社会的整体性治理，包括对政府和人民行为的重塑和改造。它涉及的面向更宽，往往承载着文化传统、社会共识、法治社会的属性。

村居是社会治理的最基层单位，但它并非我们在本书所讨论的基层治理，其只能被看作基层治理的一部分，是最微观的治理单元。社会治理不能等同于基层治理和社区治理，但显然基层治理和社区治理是巩固社会治理体系的重要因素。

（五）何为基层治理现代化

“现代化”是一个应用广泛的概念，起初一般是指工业的现代化，后被用于经济社会发展领域。其中，社会的现代化可以理解为五个过程，即技术的发展，农业的发展和农产品的商品化，科技创新能力的提升，工业化和信息化，人口的城镇化。

“现代化”与“社会治理”两个概念的结合，主要是指一个“集大成”的过程，包括了治理思想的现代化、技术的高度发达、社会管理与服务能力的高水平化以及政治上的公平高效、经济上的繁荣富强。作为社会治理的重要环节，基层治理现代化是指多元社会主体共同参与的，旨在规范和维持社会秩序、预防和化解社会矛盾、维护社会稳定、保障国家和社会安全、促进社会公平正义、协调社会关系、增进社会和谐、激发社会活力、推动社会进步的活动。基层治理有效，才能使社会有序运转、国家长治久安、人民安居乐业，为经济、政治、社会等各方面发展创造良好的环境和条件。基层治理现代化既是国家整个现代化建设的重要构成，也为其他方面现代化建设提供保障和基础。

对基层治理而言，其现代化应该是在社会治理现代化的前提下实现的。与社会治理一样，也应该包含治理理念、治理体系、治理机制、治理能力等四个方面的现代化。

一是基层治理理念的现代化。从党的十八届三中全会开始，党中央的文件中开始使用“社会治理”的表述,用以取代过去“社会管理”的提法。一字之差，反映了执政党在社会治理领域观念的深刻变化，那就是从过去对社会的全面管制，逐渐转变为强调对社会的“服务”和“管理”两个方面的内容，且“服务”优先于“管理”。同时，在执政党大力倡导依法治国的大环境下，对党政机关治理行为的合法性问题，也愈加变得重要，法治思想逐渐深入人心，成为人民群众普遍共识。对公众来说，“法无禁止即可为”，对政府而言，“法无规定不可为”，显示了党依法治国理念的巩固和提升，是治理理念现代化的重要体现。

二是基层治理体系的现代化。对基层来说，恰恰是“国家—社会”缓冲和融合的地方，国家和社会互动的关系结构能否理顺，在基层这个领域显得非常重要，其本质上就是如何调和基层党组织、政府、人民团体、社会组织、社会大众之间的关系，使其既能各司其职、又能互相协助，即建立起“党委领导、政府负责、民主协商、社会协同、公众参与、法治保障、社会支撑”的现代化治理体系。此外，在党政系统内部，也存在着体系的现代化，以现代化的权力运转方式，从而达到政令畅通、上下协同、全能高效。

三是基层治理机制的现代化。一定程度上，机制是体系的延续，也是体系的补充。执政党的执政观从管理转变为治理，意味着要对更多治理资源加以发动和协助，其协同处置、共同配合的方式方法必须符合高效、直接的治理目的，达到预期的治理效果，因此需要更加现代化的发动、组织、协同、配合机制，从而最大限度地发挥社会各界参与社会治理的潜力和效能。

四是基层治理能力的现代化。在经济社会发展的新形势下，基层治理面临新问题、新现象，并呈现出新老问题反复交织的复杂局面，需要新理念、新手段、新办法加以解决。基层治理应该充分鼓励基层治理工作者，充分发挥、发动基层治理的正式和非正式资源，不断提高治理创新能力、服务群众能力、统筹协同能力、防范打击能力、预测预警能力、舆论引导能力等。

二、中国基层社会治理的特点

（一）基层社会治理具有权力运行双轨制的特点

在中国传统政治结构中，皇权具有至高无上的统治地位，通过中央集权和科层体系，行政与管理权力自上而下传导。但是在基层社会，一方面，有自上而下的皇权介入；另一方面，也有基层社会依赖血缘关系、财富程度、知识能力所构建的族权和绅权自下而上地发挥着作用，这就是中国基层社会治理权力运行双轨制的由来。

20世纪，费孝通在其《乡土重建》中，第一次提出了中国传统政治结构的双轨制，之后又在《再论双轨政治》中再次论述了自上而下的皇权和自下而上的绅权、族权如何在传统政治体制中相互作用、相互影响，并构成基层相对封闭的社会和僵化的政治。这些论断以治理权力分配运行为核心，重视乡绅、家族这些基层内生权力在社会治理中的作用，直到今天，依然有着很强的现实指导意义。双轨政治是费孝通在《乡土重建》中提出的重要概念，其形象地刻画了传统中国官僚体制与地方自治的政治生态结构，对“国家—社会”关系以及基层社会治理的研判具有时代的穿透力。

中华人民共和国成立以后，在社会主义建设时期，国家在农村确立了“三级所有，队为基础”的人民公社体制，国家行政权力在中国历史上第一次以组织化的形式进入农村，从有效动员农民参与政权建设、有效组织农村开展集体化农业生产的角度，人民公社体制在当时的历史背景下发挥了应有的积极作用。与此同时，原来在农村发挥基层社会治理功能的家族、宗族和乡绅退出历史舞台，国家权力的派出机构全面接管了农民的生产生活、文化建设和社会管理。双轨制中的一轨变成了人民民主专政的基层体现，另“一轨”则逐渐隐匿甚至消失。在政治叙事和学术研究中，普遍把1979年前后以安徽小岗村为代表的、农民自发组织的“分田到户”作为中国改革开放的开端。生产方式决定经济基础、经济基础决定上层建筑，行政权力之间包打天下的基层社会治理模式已经不适应农村社会的发展情况，基层政治权力需要重新组织，村民自治的制度设计应运而生。

受西方政治学影响，对村民自治的研究，学者们更多关注基层民主这一角度,往往忽略了其在基层社会治理中体现出的正反两个方面的意义。一方面，从制度设计的初衷来看，农民一人一票选出村庄的管理者，是希望重建基层社会治理双轨制中基层内生权力的“一轨”；另一方面，村党组织和村委会的权力边界模糊、选举中各种利益诉求的不均衡表达，直接导致村民自治官僚化及其在基层社会治理过程中的去权威化。多元规则相互交织、彼此作用于村庄社区，使正式规则的统一性、权威性受到损伤，基层治理中的纠纷难以得到及时化解,原本能够在村庄内部得到有效解决的矛盾向上转移,无理上访、牟利信访等现象时有发生，加重了农村基层行政的负荷，降低了基层行政的效率。[①]

在中国农村基层，社会治理权力的“双轨”一度演变为“单轨”，之后又由“单轨”演变为无序的“多轨”。因此,在中国农村创新基层社会治理的首要任务，就是要尽快建立有效运行的治理权力组织方式，既能够确保国家政策下乡，并落地生根发挥作用，又能够激发基层健康有效的自治活力，形成基层社会治理权力运行的新型现代“双轨制”。

（二）基层社会治理符合城乡两元分割的社会结构的特点

从中国基层的社会结构来看，城乡两元分割是其主要特点。自 1958 年制定颁布《中华人民共和国户口登记条例》以来，中国居民事实上被分为两种：农业人口和非农业人口。与之对应，社会保障制度、经济发展制度、文化教育制度、医疗卫生制度、公共服务制度等一批与民生相关的制度城乡有别，形成事实上的城乡差异，成为基层社会治理现代化的巨大障碍。

一是社会资源分配的不公平，导致社会阶层进一步分化、社会矛盾进一步突出。2023 年，全国城镇居民人均可支配收入已经达到 51821 元，农村居民人均可支配收入仅为 21691 元，前者是后者的 2.39 倍，考虑到没有城镇户口但生活工作在城镇的流动人口比例，城乡之间的经济差距实际上可能会更大。中华人民共和国成立以后,持续了很长一段时间的“重工轻农”政策更是对农村土地、

① 赵晓峰:《“双轨政治”的理论贡献、诠释限度及现代内涵》,《社会建设》2017 年第 5 期，第 37 页。

环境等基础性资源进行了大规模非对等交换、非可持续利用的剥夺，留给农业农村农民自我修复、自我利用的空间很小。然而，以文化、教育、医疗为代表的公共服务资源却集中在城市，从政策导向上偏向于城市。这些资源分配中的制度性不公平现象，加剧了城乡社会阶层利益分化。与此同时，工业化、城市化进程中带来的土地征收、社会保障失灵等问题加剧了基层社会矛盾的产生和发酵，而沿袭计划经济时代建立的补偿纠错机制又难以调节，甚至会加剧这些社会矛盾。一方面，土地、资金、人才加速单向流入城市，导致农村基层社会治理空心化、虚弱化；另一方面，低社会保障的农村流动人口涌入城市，加剧了城镇基层社会治理中"城市病"的产生。

二是治理主体的虚化、弱化，导致农村基层社会治理能力不足、协同性不强，难以应对日趋复杂的社会问题压力。城乡两元分割的局面直接导致农村精英（事实上已经除去接受高等教育留在城市的精英群体）从乡村出走。以我们在浙江衢州横坑村的调研结果来看，1982 年，全村人口 828 人，其中高中文化程度 16 人、党员 21 人；而到 2012 年，全村户籍人口 2020 人，实住人口（每年居住时间不少于 8 个月）1432 人，实住人口中高中文化程度 17 人、党员 29 人，在实住人口中 18 岁到 48 岁之间的壮劳力不到四分之一，在村庄生活的大多是留守老人和留守儿童。[①] 社会自治理能力严重不足，村"两委"和社会组织动员能力薄弱，这直接导致刑事治安发案率居高不下，矛盾纠纷高发易发。同时，城乡两元分割的制度还导致农村社会组织建设缓慢滞后，一方面，自发组织能力差；另一方面，专业社会组织缺少下乡的必要条件和相关政策支持。

三是城乡统筹发展任务艰巨，在相当长的一段时间里，城乡两元分割的社会结构仍然是基层社会治理面临的主要难题。党的十六届三中全会上第一次提出了城乡统筹发展战略。2019 年 3 月，李克强在政府工作报告中再次指出：过去一年，统筹城乡区域发展良性互动格局正在形成。根据国家统计局数据，截至 2018 年年底，中国城镇常住人口同比增长 2.2%，与此同时农村常住人口却比 2017 年减少 1260 万人，实现事实城镇化率 59.58%，这一数字比 2017 年又提高了 1.06 个百分点。虽然城乡统筹发展正在取得巨大成绩，

① 数据由实地调研所得。

城乡两元分割的局面正在逐步打破，但是，从基层社会治理的实际实践来看，城乡两元社会结构导致的体制僵化和资源分配困局依然是基层社会治理面临的主要难题：

首先，城市化进程中，忽视解决“‘三农’问题”，偏重片面城市化的倾向依然存在，一些地方以牺牲农民利益为代价，一味追求土地效益，“赶农民离土、劝农民上楼”，不仅没有解决农民的实际问题，反而制造了更多更大的社会矛盾。

其次，造成城乡两元分割局面的户籍制度、农村土地等产权制度、社会保障制度等根本性政策还需要加大改革力度，加快改革步伐。这些政策条件，限制了农民和其他多元社会力量参与农村基层社会治理的积极性。

最后，城市化的快速推进虽然从人口比例上实现了部分农民的市民化，但是相应的社会治理体制机制并没有本质改变，反而加重了城市基层社会治理的负担。城市社区建设不足，原有城乡两元分割的老问题不仅没有解决，反而把问题的关键要素带入城市，造成流动人口管理服务这样的基层社会治理新问题。

（三）基层社会治理具有“管理弱化、服务缺位”的特点

在中国，市、县、乡（街道）三级党委政府是基层社会治理的行政权力主体，各行政部门和事业单位是行政权力运行的职责单位，这种层级管理、条块管理相结合的模式，从国家政策落实有效的角度，有助于提高基层社会治理的组织性、执行力和行政效能。但是，当基层社会治理的相关职能真正落实到城乡社区时，面对个体化、个性化的基层社会问题，这种自上而下、层级条块的管理方式就会出现水土不服的情况。

首先，政府职能转变还没有完全实现，“重管理、轻服务”的传统行政观念一定程度上依旧存在，靠基层报告、行政审批完成传统社会管理任务依旧是一些部门单位的主要工作思路。2017年，浙江在全国率先推进“最多跑一次”改革，把基层群众难办的事、具有公共服务性质的事，利用信息化手段简化办事程序、缩减办事流程、改变办事方式，实现群众办事最多跑一次甚至一次不用跑。改革两年来，市、县、乡三级分别实现“最多跑一次”事项98.62%、98.71%、

98.28%。[①] 这一实例可以说明两个方面的问题：一方面，越到基层，政府需要变管理为服务的事项越多；另一方面，政府办事职能中，可以转变为主动服务群众的空间巨大。

其次，基层居委会、村委会职能急需转化。“上面千条线，下面一根针”，社区居委会和农村村委会虽然是基层城乡居民的自治组织，但是在传统社会管理的思维中，它们更多承接了上级机关、机构、部门、单位在基层社区村庄的行政管理职能，对上服务是它们的工作重点和工作方式。其职责主要是完成上级政府的“规定动作”，其有效解决民众问题，服务社区的“自选动作”十分有限，在我们的调查中发现，只有 10.06% 的人认为，他们有了问题会去找居委会，但对区政府、街道办而言，90% 以上的行政事务最终都要落实到社区层面加以落实。[②] 缺乏服务资源、不具备服务能力的基层自治组织显然无法体现基层群众的治理权，也无法形成动员群众参与基层社会治理的组织力和公信力。

最后，在农村基层社会治理的实践中，由于管理权力弱化、服务能力不足，乡镇一级政府和村“两委”正在逐步丧失基层社会治理的主导权。农村基层社会治理是以农村社区为单元的社会事务的管理，包括政治、经济、文化、教育、治安等各个方面。实行村民自治后，按照制度设计的初衷，乡镇政府与村委会的关系由直接的领导关系变成了指导关系，国家行政权力在农村基层社会治理中应适当退出。但是由于制度惯性，乡镇（街道）基层政府习惯于将自己作为村民委员会的上级领导机关，大包大揽的行政思维仍然发挥着作用，导致真正的村民自治难以落实，不仅传统社会管理条件下的公共资源分配模式逐渐失效，而且村民们期待的、协商民主带来的公共服务更是难以实现。

（四）基层社会治理依托社会治安综合治理为重点的特点

健康有序的社会秩序是一个国家经济发展、社会进步、人民安居乐业的基础，如何构建良好的社会秩序是基层社会治理的首要问题。在中国传统文化中，既有以“礼治”和“德治”为核心内容的儒家之治，也有以“法治”为基本内

① 资料数据由浙江省委政法委提供。

② 陈辉：《中美城市基层治理的比较研究——以南京与芝加哥为例》，《学术界》2015 年第 4 期，第 228 页。

容的法家之治，所谓“儒法之争”构成了封建统治阶级治理国家与治理社会的基本思路。值得注意的是，“德治”对应于传统基层社会的道德教化功能，“礼治”则体现着宗法和规矩的制约作用。但是中国传统文化中的“法治”和现代法治文明有着一定的区别——法家的“法”指的是王法为代表的法律制度，“治”更多的是指对资源的控制、对民众的制约和对社会的改造，并以此达到国家强大、王权威严的目的，其中并不包含协商民主、规则制衡的现代法治元素。

西方国家由传统社会向现代社会转型是在宗教解放、思想启蒙、文艺复兴和工业革命等全方位逐步推进的变革中逐步实现的，相对于思想解放、政治进步和经济发展是一个顺理成章的过程，这和当代中国的情况大有不同，“当前中国社会的转型与世界各国的现代化转型的最大不同之处，就是我国的社会结构转型是与体制转轨同时进行的”[①]。也就是说，中国的社会转型不是顺接政治变革、经济发展的自然缓和转型，而是与政治体制变革、市场经济改革跌宕共振的剧烈转型。在这一过程中，中国传统社会治理所依靠的道德教化丧失作用、宗法传统退避三舍、王法约束失去权威，同时“摸着石头过河”的改革过程也带来政治社会进步与经济发展不相适应的问题：法律法规的制定与完善滞后于经济社会发展，执法司法的专业化职业化水平与社会需求不相适应，持续激烈的社会转型导致社会成员社会身份模糊、社会角色混乱，社会个体挑战社会秩序甚至违法犯罪的成本降低，社会矛盾因利益分配失衡而大量涌现，社会已出现局部失范失序的严重状况。有人说，社会失序是改革的阵痛。但是，一个失序的社会不仅会伤害社会本身，也会制约改革的继续推进，正如博登海默所说：“历史表明，凡是在人类建立了政治或社会组织单位的地方，他们都曾力图防止不可控制的混乱现象，也曾试图确立某种适于生存的秩序形式。这种要求确立社会生活有序模式的倾向，绝不是人类所做的一种任意专断或违背自然的努力。”[②]

社会治安是社会秩序最重要的体现，是社会治理最基础的内容。改革开放伊始，针对当时犯罪高发、治安混乱的社会现实情况，中共中央决定从治理的角度着手解决社会治安问题。1981 年中央政法委选择当时社会治安问题比较突

---

① 曹文安：《论社会治安防控体系的构建》，《山东警察学院学报》2006 年第 2 期，第 105 页。

② ［美］博登海默，邓正来译：《法理学：法律哲学与法律方法》，中国政法大学出版社 2004 年版，第 220 页。

出的一些地区，召开全国部分省市社会治安工作座谈会。会议文件指出：要解决社会治安问题，就必须全党动员，实行综合治理。[①]为了进一步落实社会治安综合治理工作，会议还对社会治安综合治理的内容、结构、工作重心、社会基础等一系列具体问题作出了明确解读。以此为标志，社会治安综合治理这一中国特色的基层社会治理机制从此成为一项全国性的工作任务。1984 年 10 月，中共中央批转了中央政法委有关这方面的报告，这份报告较为全面地阐述了社会治安综合治理的意义、现实情况与工作指导性方针，特别指出：在具体工作中，要抓住打击、预防、改造等几个重要环节，通过一系列综合性手段，达到有效控制犯罪、积极预防犯罪、全面减少犯罪的目的。[②]

从当时工作开展情况来看，社会治安综合治理在基层有三个方面的职责和任务：一是在各级党委政府统一领导下，逐步形成各职能部门分工协作，条块结合，以块为主的治理结构；二是政法各部门各司其职，相互配合，协助党委政府做好社会治安综合治理的宣传、组织和具体落实工作，成为事实上的治理主力军；三是发动和依靠群众，动员全社会力量，参与综合治理工作，形成治理合力。

为进一步细化、明确、指导社会治安综合治理工作，1991 年，中共中央、国务院发布《关于加强社会治安综合治理的决定》，明确规定社会治安综合治理的原则、要求、对象、范围和目标；并明确了各级党委政府、各相关部门在社会治安综合治理中的责任、职能和作用。之后，全国人大常委会通过并颁布了《关于加强社会治安综合治理的决定》，作为中国特色的基层治理方法，社会治安综合治理成为恢复社会治安秩序，预防减少犯罪的制度性法律性安排。

2018 年 3 月，中央印发《深化党和国家机构改革方案》，决定不再设立中央社会治安综合治理委员会，但是这并不意味着社会治安综合治理工作不再开展。也是在这份方案中，中央决定由中央政法委组织、推动、督导开展社会治安综合治理工作。事实证明，在目前基层社会治理主体多元化尚未完全形成、社会

---

① 刘波：《治安社会化思想与模式——社会治安综合治理的理论与实践》，中共中央党校博士学位论文，2002 年，第 11 页。

② 宫克：《我国城市社会治安防控体系研究》，大连理工大学硕士学位论文，2005 年，第 43 页。

治理体制机制还不完备、社会治安形势依然复杂严峻的前提下，把各部门各单位力量组织起来，综合施策，动员基层人民群众，形成群防群治的合力，预防打击犯罪、维护社会治安和社会稳定，社会治安综合治理是必要的、有效的，也是中国基层社会治理的一个重要特点。

2020年4月，中央成立平安中国建设协调小组。2020年10月，党的十九届五中全会通过的《中共中央关于制定国民经济和社会发展第十四个五年规划和二〇三五年远景目标的建议》提出要建设更高水平的平安中国，把过去社会治安综合治理的目标和手段提升到了社会治理现代化的新高度，指出要坚持和发展新时代“枫桥经验”，畅通和规范群众诉求表达、利益协调、权益保障通道，构建源头防控、排查梳理、纠纷化解、应急处置的社会矛盾综合治理机制；坚持立体化、法治化、专业化、智能化方向，打造城乡统筹、网上网下融合、人防物防技防结合、打防管控一体的社会治安防控新格局。①

三、新时代“枫桥经验”的基层治理实践

（一）从“枫桥经验”到新时代“枫桥经验”

狭义或本源意义上的“枫桥经验”，就是指来自浙江省诸暨市枫桥镇的基层社会治理经验。从历史溯源，是指20世纪60年代由浙江省诸暨县枫桥区干部群众创造的依靠人民群众、就地化解矛盾的一套行之有效的方法。从社会功能角度，狭义上的“枫桥经验”是当时枫桥镇创造的一套教育改造“四类分子”及游手好闲的“不良人员”的工作方法，具有明显的“管制”特征。

在关于“枫桥经验”的研究中，也有学者把20世纪60年代以后，尤其是改革开放以来，一直到党的十八大召开这一段历史时期，浙江诸暨枫桥等地在原有“枫桥经验”基础上的，基于社会管理方面内容的创新与发展归纳为新“枫桥经验”。新“枫桥经验”一般泛指改革开放后枫桥等地创造的服务经济发展、维护社会稳定的基层社会治安综合治理方法。在这一时期，受政策影响，“枫桥

① 郭声琨：《建设更高水平的平安中国（学习贯彻党的十九届五中全会精神）》，《人民日报》2020年12月2日，第06版。

经验”的“管理化”特征较为明显，但开始向“治理型”的新时代“枫桥经验”过渡。

作为习近平新时代中国特色社会主义思想的重要组成部分，新时代“枫桥经验”是在中国共产党的带领下，由浙江诸暨枫桥发端，全国各地坚持和发展，来自基层城乡村社人民群众的实践与创造，在各个历史时期不断发展完善，逐步形成的化解基层社会矛盾、改善基层社会关系、维护基层社会稳定、促进基层社会发展的一整套行之有效并且具有示范意义和推广价值的基层社会治理的工作方法。[①] 关于新时代“枫桥经验”的核心内容，中央政法委调研组归纳为党建引领、人民主体、“三治融合”、预测预警预防、基层基础等五个基本元素，浙江省委则归纳为党建引领、人民主体、“四防并举”、“三治融合”、共建共享等五个基本元素。新时代“枫桥经验”，是党的十八大以后在原有化解基层社会矛盾纠纷、加强基层社会管理基础上发展起来的“枫桥经验”，是新时代中国特色社会主义创新基层社会治理的一次成功的探索与实践。

理解新时代“枫桥经验”概念，必须对其所蕴含的内容进行厘定和诠释。新时代“枫桥经验”概念的基本逻辑体现在四个层次上：其一，“枫桥经验”是一套基层社会治理的方法；其二，“枫桥经验”是在党的领导下，由枫桥等地人民创造和发展起来的；其三，“枫桥经验”的功能是化解矛盾、促进和谐、引领风尚、保障发展；其四，“枫桥经验”行之有效，具有典型意义和示范作用。上述四个层次环环相扣，是新时代“枫桥经验”概念不可或缺的组成部分，构成了其成为“枫桥经验”理论的完整逻辑。[②]

1.“枫桥经验”是一整套值得推广的基层社会治理方法

从适用范围和具体内容来看，“枫桥经验”均指向如何具体开展基层社会治理工作，它的理论构建和实践推广均涉及基层社会治理的方法问题。“枫桥经验”的适用领域重点在基层。治理分为基层治理、地方治理和国家治理。在当代中国社会，基层在农村主要由家庭、村落、乡镇组成，在城市主要由家庭、社区、

---

① 中国法学会“枫桥经验”理论总结和经验提升课题组：《“枫桥经验”的理论构建》，法律出版社2018年版，第52页。

② 刘树枝：《新时代“枫桥经验”基本内涵探究》，《社会治理》2018年第4期，第61页。

街道组成。此外，参与基层社会治理活动的主体还包括各种社会组织、企事业单位等。“基层”要直接面对人民群众的生产生活需求，要直接回应人民群众方方面面的诉求，直接体现了党和群众之间的血肉联系，也最早反映出各种社会矛盾和社会问题，是一个社会组织结构中最基础最前沿的组织构造层，在国家治理中具有特别重要的地位和作用。“枫桥经验”从起源到发展，从农村到城市，一直没离开基层，一直围绕着各种主体参与基层社会管制、管理和治理的各种活动展开。

“枫桥经验”作为基层社会治理的经验，所要解决的是基层社会问题与社会矛盾。在不同历史时期，基层社会出现的问题和矛盾类型也不尽相同，社会主义建设时期主要是化解阶级矛盾，在改革发展时期主要是调解人民内部矛盾，进入社会主义新时代更是要解决社会发展中主要矛盾深刻变化而在基层社会所呈现出的各种新情况。进入社会主义新时代，基层社会矛盾的内容与实质已经发生转化，人民对幸福美好生活的需要不仅仅是丰衣足食、矛盾化解、安定有序，也包括民主参与、依法维权、共享成果，还包括可持续发展、风尚良好、社会和谐、公平正义等。这些需求与社会发展的不平衡不和谐相对应，必然带来各种新的基层社会矛盾。新时代“枫桥经验”目标指向就是要不断化解这些新的基层社会矛盾。

如果说“枫桥经验”原本是解决农村阶级斗争矛盾的“土方法”，那么在新时代其已经成为现代化的基层社会治理方法。把“枫桥经验”定义为“方法”，说明“枫桥经验”是方法意义上的“经验”，避免了将“枫桥经验”作为一般“经验”的词语重复。以往理论界和实务界给出的“枫桥经验”定义，无论是“经验说”“方法说”，还是“全面推广和发展”，与党中央的集体政治智慧和领袖的个人智慧密不可分。20 世纪 60 年代，“枫桥经验”的形成离不开党中央的政治智慧，特别是毛泽东的远见卓识。枫桥干部群众就地化解矛盾的做法经过毛泽东同志的批示，被总结命名为“枫桥经验”，在全国推广。党的十八大以来，新时代“枫桥经验”的形成和发展离不开以习近平同志为核心的党中央的政治智慧。习近平同志在担任中共浙江省委书记期间就对如何坚持和发展“枫桥经验”作出了一系列指示，明确要求要充分珍惜“枫桥经验”，大力推广“枫桥经验”，不断创新“枫桥经验”，为新时代“枫桥经验”的形成奠定了基础。习近平同志担任党的总书记后，对“枫桥经验”所作的多次批示，为新时代“枫桥经验”的创新和发展指明了方向，注入了强劲动力。

2.“枫桥经验”是基层社会治理的实践总结

从地域范围来看，枫桥是“枫桥经验”的故乡。但在当今中国，“枫桥经验”已不局限于其“原产地”。毛泽东同志要求推广“枫桥经验”，“枫桥经验”就已经走出了诸暨枫桥“原产地”。习近平同志在担任中共浙江省委书记时要求推广创新“枫桥经验”,“枫桥经验”在浙江全省得到普遍推广。担任党的总书记以后，习近平同志进一步要求把“枫桥经验”坚持好发展好，全国许多地方都相继出现了“枫桥经验”的创新实践。“枫桥经验”早已不是枫桥一地的经验，而是浙江和全国各地干部群众共同智慧的结晶。

从主体上来看，创造和发展“枫桥经验”的主体始终是人民群众。“枫桥经验”来自基层,来自人民群众,其价值和生命力来源于此。上级党委和政府在“枫桥经验”的总结和推广过程中发挥了重要作用，但是，“枫桥经验”始终带有鲜明的“自治”特征。在具体社会治理活动中，党委政府敢于把决策权、管理权交给人民群众，善于走群众路线，积极发挥基层群众自治组织的作用。而人民群众通过民主程序有序管理村和社区的重大事务，吸收广大村民和社区成员共同商议，集体决定。群众广泛参与是“枫桥经验”不断创新发展的不竭动力。

3.“枫桥经验”发挥着化解矛盾、促进和谐、引领风尚、保障发展的功能作用

“枫桥经验”既然是一整套基层社会治理方法，那么这套方法的应用就必然会产生出特定的功能效果。实践表明，“枫桥经验”在社会治理实践中的功能是最大限度地化解影响社会稳定和社会发展的一切消极因素，积极有效地调动社会治理的一切积极因素，努力把问题解决在基层，把矛盾化解在萌芽状态，努力建设良好有序的基层社会生态环境，实现社会稳定，营造和谐局面，引领社会风尚，为经济社会全面发展创造有利条件。

“枫桥经验”在矛盾化解上具有既治标又治本、成本低效率高的特点。“枫桥经验”与单纯依靠行政手段化解社会矛盾的方法形成鲜明对比，行政手段依赖的是国家强制力，以问题解决为导向，往往治标不治本，成本高、效率低，不适宜用于基层存在的大量一般性的矛盾。“枫桥经验”与单纯的司法途径也形成鲜明对比，司法途径成本高，大量一般性的矛盾纠纷会令司法机关不堪重负，也让涉诉当事人面临“诉累”。新型社会矛盾多元化特征凸显，干群之间、劳

资之间以及其他社会群体间的矛盾呈现出新的特点，涉法涉诉矛盾，尤其是涉黑涉恶等尖锐矛盾增多。矛盾纠纷不断由过去单一的民事纠纷发展成为民事纠纷、经济纠纷、行政纠纷并存的复杂形态。[①]社会矛盾的表现形式呈现群体性增强、对抗性增强、突发性增强等特点。基层治理主体应根据新型社会矛盾特点，不同矛盾采用不同方法，调解、行政、司法等各种方法综合运用，这是基层社会治理的基本趋势。“枫桥经验”能够最大限度地减少社会矛盾、最大限度地畅通社情民意通达渠道、最大限度地把问题解决在当地、最大限度地调动各方面积极因素，这符合新型社会条件下和法治建设环境下大量社会矛盾解决的需求。当前，传统以血缘为基础的熟人宗族社会已经向以地缘为基础的市场经济社会转变，但从实际国情来看，在广大基层地区，特别是农村地区，人民群众的熟人意识、人情意识仍然较强。基层社会总体上仍保留了“熟人好办事”的熟人社会的特征，社会结构中，人与人之间多存在较为固定的、符合自利性原则和情感维系的密切联系，因此治理应以协商和调解为主。“枫桥经验”为基层社会的亲属关系、邻里关系和雇佣关系等基本社会关系提供了有效多元协调机制，使各种矛盾能够在柔性干预下化解于内生的社会关系中。同时，在矛盾化解工作中坚持客观公正的工作方法，以理服人、以德感人，使群众在矛盾化解过程中感受到公平正义，不激化矛盾。矛盾不上交绝不是掩盖矛盾，而是在积极化解矛盾的同时，强调培养群众的法治意识，引导群众通过法律途径解决矛盾。

“枫桥经验”在化解矛盾的同时促进了社会和谐。构建社会主义和谐社会，重心和重点都在基层。基层就是社会的细胞，是构建和谐社会的基础。“枫桥经验”使疏解矛盾更加“有效”、处置问题更加“有力”、社会发展更加“有序”、社会和谐更加“有望”。“枫桥经验”把基层组织和干部队伍建设贯穿于社会治理与建设之中，从而为社会和谐稳定发展提供了领导力量。“枫桥经验”把人民群众看作社会治理与建设主体，看作基层社会治理的主力军和最广大的受益者，从而使基层社会治理力量更加强大。“枫桥经验”把维护基层群众根本利益、促进基层社会利益关系协调看作社会治理与建设的重中之重，从而抓住了基层社会治理的根本。“枫桥经验”注重基层民主法治建设从而使基层社会治理纳入了法

---

① 杜剑华：《新时期社会矛盾的类型、特点、性质、成因和规律》，《法制与社会》2010年第25期，第179页。

治化轨道。

“枫桥经验”是一种文化,也是一种精神,对基层社会风尚起着引领作用。“枫桥经验”坚持以社会主义核心价值观作为统领民俗风尚的基本内容。枫桥等地引导人民群众以各种方式广泛参与治理,培养主人翁意识,培育民主和法治精神,促使社会主义核心价值观深入人心;同时通过弘扬优秀传统文化,促使优秀传统文化与社会主义核心价值观有机结合,打造人民群众的多彩文化家园和健康精神世界,实现人与人之间有效沟通、消除隔阂、增进共识、凝心聚力。对基层文化建设也起到了对应的推动促进作用:枫桥等地通过突出典型和宣传引导,在社会中推动形成积极向善向上的道德风尚,以榜样力量推动践行社会主义核心价值观。

“枫桥经验”是以人为本的经验,满足了保障人与社会全面发展的需要。以人为本是发展的最高价值导向,从根本上说就是要满足人民群众需求,促进人的全面发展和社会群体的共同进步。“枫桥经验”蕴含和凝结了人本思想和人文精神,坚持发展经济富裕人、推进民主进程解放人、注重文化建设提高人,促进了经济社会生态全面、协调、可持续发展。

4.“枫桥经验”行之有效,具有典型意义和示范作用

“枫桥经验”跨越几个历史时期,不断与时俱进。半个多世纪的社会实践证明,“枫桥经验”行之有效,产生了良好的社会效果,营造了良好的社会环境,成为基层社会治理的典范,具有普遍意义和持久的生命力,发挥了重要示范作用。

“枫桥经验”是中国特色社会主义的基层社会治理的成功经验。“枫桥经验”是从中央到地方、从省市到乡镇,各级党委政府、各有关职能部门,按照党的领导、政府负主责、民众与社会各方协同参与的角色分工,多元主体合力打造的成果。“枫桥经验”的产生和发展,从根本上讲是中国共产党作为执政党,对中国社会基层治理一系列思想、制度、体制机制以及方法方式的探索创新和实践总结。党和政府在“枫桥经验”形成和发展的过程中发挥着领导和主导作用,这种基层社会治理模式符合中国国情,具有中国特色,而对全局性问题的准确把握更使其典型意义和示范作用凸显出来。

“枫桥经验”具有确定性、稳定性和一般性,因而具有典型性和普遍意义。所谓确定性即内涵明确,所谓稳定性即效用持久,所谓一般性即不仅适用于当

地而且其要义和基本方法适用于全国的其他地方。坚持党的领导是“枫桥经验”具有确定性、稳定性和一般性的根本保障，也为“枫桥经验”在全国范围内推广创造了条件。“枫桥经验”的确定性、稳定性和一般性决定了它在全国的示范和推广价值。

“枫桥经验”具有创新性，因而具有示范价值。“枫桥经验”不是一成不变的，“枫桥经验”的一个特点是不断创新，这种创新表现在社会治理实践中，就是在基层大力推行自治、法治、德治相结合的治理机制，充分有效地实现政府主导治理与社会自我有序调节、居民积极自治之间的良性互动；能够有力引导培育和规范社会组织，支持社会组织在治理过程中积极发挥作用，实现基层社会自治、基层民众自律、社会治理全民参与的能力和水平；进一步培育各种所有制企业的社会责任感，以适当有效的奖惩政策促进其参与基层社会治理；在社会治安综合治理中，进一步深入推进群防群治队伍的社会化；积极推进基层社会治理的智能化和专业化等等。这些创新毫无疑问对当下的中国特色社会主义法治体系建设具有实践价值和示范作用。

综上所述，新时代“枫桥经验”的定义是：在中国共产党的坚强领导下，由人民群众创造、丰富和发展起来的调解矛盾纠纷、防范社会风险、调节社会关系、促进公共服务、保障社会发展的一整套基层社会治理方法和实践的总和。

（二）新时代“枫桥经验”的提出

2003 年 5 月，时任中共浙江省委书记的习近平到浙江绍兴等地考察调研，在枫桥镇，干部群众坚持“枫桥经验”、创新“枫桥经验”的一些做法得到了他的肯定。在此之后，枫桥镇建设“平安枫桥”、在乡镇组建综治工作中心的工作经验在他的支持下开始向浙江全省推广，这也成为“平安浙江”建设的示范和先导。

2004 年 5 月 10 日，习近平同志在浙江省委十一届六次全体（扩大）会议上做了题为《建设“平安浙江”、促进社会和谐稳定》的报告，正式提出建设“平安浙江”。习近平同志指出，“平安浙江”中的“平安”，不是狭义的“平安”，而是建立在科学发展观基础上的，涵盖了经济发展、政治进步、文化繁荣和社会和谐各方面的，更宽领域、更大范围、更多层面的广义的“大平安”。

这一提法可以看作是习近平新时代中国特色社会主义思想关于社会治理理论的最初论述。从维护社会治安稳定的“小平安”到保证经济社会协调发展的“大平安”，是中国共产党对基层社会治理规律性认识的一次认识上的飞跃，对基层社会治理实践具有很强的战略指导意义。发展的最终目标，首先就是要符合人民群众的根本利益，要满足人民群众日益增长的物质文化精神需求，而生活富裕与社会安定有序都是人民群众的根本利益。只有社会和谐稳定，国家才能长治久安，人民才能安居乐业。

作为“大平安”建设的经典范例，“枫桥经验”建立了一整套平安联动、平安创建的制度。主要表现在如下几个方面：第一，在矛盾化解的前端，强调把满足群众公共服务需求与矛盾纠纷预防结合起来；第二，在社会治安综合治理过程中，强调把经济发展指标与社会治安稳定指标融合起来；第三，在城乡统筹的发展中，强调把基层党组织作用、城乡居民主体作用、社会力量作用统筹起来，最终实现城乡经济发展、新农村建设和社会和谐稳定同步一体发展，成为当时基层社会治理现代化的先行探索与实践。

2013 年，当“枫桥经验”50 周年之际，“枫桥经验”已经跨越两个世纪，经历了“开展社教运动”—“维护社会治安”—“加强社会管理”—“建设大平安”等四个实践与发展阶段。党的十八大以后，“枫桥经验”进入“创新基层社会治理”新的实践与发展阶段，此阶段的主要特点是通过基层党建引领、法治保障、乡贤参事、村规民约、社会组织、“互联网 +”、“最多跑一次”改革等手段和方法创新基层社会治理，实现共建共治共享的平安中国。新时代“枫桥经验”的概念也随之逐渐形成。

（三）“枫桥经验”在价值内涵和工作内容上的变与不变

历经 60 余年发展，“枫桥经验”作为中国共产党在基层社会治理探索中的一个极为成功的范本，表现出历久弥新的旺盛生命力。其中，其内容不断丰富、内涵不断发展、外延不断扩宽，但又始终保持了一些基本的原则性，久经考验而不褪色。对“枫桥经验”的变与不变加以分析，有助于我们更好地理解这一基层治理手段。

在坚持自身“群众工作”为基础的原则为定海神针的同时，随着经济社会的发展，“枫桥经验”大概经历了20世纪60年代“枫桥经验”—20世纪90年代新“枫桥经验”—2010年至今新时代“枫桥经验”的历程，在发展的过程中，其内容内涵又发生了很大改变，这些变化也深刻诠释了国家治理体系和治理能力的不断提升和进步。

1.实施主体的变化

最初发源于浙江省诸暨市枫桥镇的“枫桥经验”，只是一地经验。后经过《人民日报》的发掘，公安部的总结提炼，最终得到毛泽东批示，进而加以推广，从而成为公安系统的行业经验。其实施的主体局限于公安系统内部，特别是那些直接面对群众、服务群众的民警群体，因此才有了公安系统坚持多年的“枫桥式派出所”评选，用以表彰全国范围内为民服务工作出色的基层派出所。到了新“枫桥经验”时期，枫桥经验的实施主体就扩大到整个政法干警，包括公安、法院、检察、司法行政人员等。而新时代“枫桥经验”的实施主体则完全跳出了政法系统的框制，变成了各级党政机关。

2.实施对象的变化

早期“枫桥经验”的实施对象，是对“四类分子”的改造，主要强调改造和帮扶工作，通过群众工作的方式，无差别地对“四类分子”进行帮扶，以使其更好地融入社会，不再犯罪；新“枫桥经验”面对的则是一切政法机关服务对象；新时代“枫桥经验”的实施对象已经把全社会人民群众涵盖在内。

3.治理诉求的变化

早期“枫桥经验”通过公安干警对“四类分子”的改造和帮扶，起到的作用主要是有效压降相关人员的犯罪发生率，体现了对良好的社会治安环境的基本诉求；“新枫桥经验”则是通过做好对所有政法机关服务对象的工作，达到社会稳定的更高诉求；新时代“枫桥经验”的广度、深度早已得到了很大的提升，因此，其治理诉求已经升华为平安中国及和谐社会的建设。

4.在党的治理体系中的地位在不断提升

早期“枫桥经验”只是公安系统的工作手段，到20世纪末，新“枫桥经验”开始被倡导为整个政法系统的工作经验，而新时代“枫桥经验”经过一系列党的重要文件的定义和肯定，已经成为全党各级党委及政府服务人民群众、建设和谐社会的治理模式。

表 1-1 “枫桥经验”发展完善的历史沿革及其内容、内涵的变化

	20 世纪 60 年代—80 年代	20 世纪 90 年代—2010 年	2011 年至今
具体提法	“枫桥经验”	新“枫桥经验”	新时代“枫桥经验”
实施主体	各级公安机关	各级政法单位（包括公安、检察、法院、司法行政及综治部门）	各级党委政府
实施对象	“四类分子”	矛盾纠纷主体、社会稳定对象	人民群众
治理诉求	预防犯罪	矛盾纠纷排查化解	社会长治久安
在党的治理体系中的地位	公安系统的工作方式	政法系统的行业经验	新时代党的群众路线的具体体现

第二章　“枫桥经验”的权力结构基础

当代中国，经济快速发展带动社会深刻转型，社会资源要素、社会人员心理、社会运行机制、社会群体关系等均在发生显著变化，这些变化在基层社会体现为新的社会问题和社会矛盾不断出现，从而推动并引导着社会治理结构和社会治理体制机制的渐进变革。党的十九届四中全会通过了《中共中央关于坚持和完善中国特色社会主义制度、推进国家治理体系和治理能力现代化若干重大问题的决定》（以下简称《决定》），《决定》指出："中国特色社会主义制度是党和人民在长期实践探索中形成的科学制度体系，我国国家治理一切工作和活动都依照中国特色社会主义制度展开，我国国家治理体系和治理能力是中国特色社会主义制度及其执行能力的集中体现。"[①]在现代国家政治逻辑中，国家治理体系包括了规范政府（包括执政党）的行政管理行为、经济运行各主体的市场行为和社会各成员相互作用的行为，就中国而言，有关政治、经济和社会发展运行的各种制度安排都是这一体系的组成部分。因此，《决定》提出的国家治理体系和治理能力的现代化，既包括市场运行体系现代化和政府管理体制现代化，也包括社会治理方式的现代化。

和政治、经济运行具有明显的“条”“块”特点不同，社会运行的主体和行为集中存在体现在基层，基层社会治理是整个社会治理的基础，基层社会治理现代化是社会治理现代化的前提和条件。但这并不是说，基层的治理主体就可以摆脱“条”“块”的限制。相反，基层治理作为治理链条的终端环节，不论是在纵向上看，还是在横向上观察，其治理主体都深受权力结构的规制，一方面，它因此而从体制上获得了集中力量办大事、办实事的优势和保障；另一方面，

---

① 中国共产党第十九届中央委员会：《中共中央关于坚持和完善中国特色社会主义制度、推进国家治理体系和治理能力现代化若干重大问题的决定》，《人民日报》2019 年 11 月 1 日，第 01 版。

也限制和禁锢了其施展的空间和创新的活力。

一、纵向压力型体制下的“权责倒挂”

对基层治理体系的结构进行考察，横向结构应该是一个至关重要的层面，它将让我们能够更加清晰准确地把握住基层治理的脉络和运行逻辑。但与此同时，我们也应该看到，治理体系本身是一个纵横交错、错综复杂的系统，对横向结构的重视，不意味着我们可以忽略纵向结构。后者往往被学界用来作为反映中央和地方关系中不可或缺的研究内容，而事实上，它也更能够反映出国家对基层治理的核心诉求和基本政策。

我国的纵向治理体系，分为中央、省、市、县（区、市）、乡镇（街道）五级。根据前文所述，本书讨论的基层治理更多是在乡镇、街道这个最直接面对群众、最前端开展工作的层级，而这个层级之上，是从中央到县（区、市）的四个等级。显而易见，一个清晰的压力型体系跃然纸上。有研究显示，镇街及以下这个层级，解决和吸纳了76%的各类基层事务，县乡层级则是19%，而地市层级则只具体处理极少量基层事务。

在这里，我们需要引入一个“执行”的概念。在我国政治话语中，经常用到“政策的生命在于执行”。执行意愿和执行能力的强弱，直接影响到中央政府所制定政策的实施效果，从而影响国家治理效能的达成。

在纵向治理的实践中，存在着中央权威要坚决贯彻执行的诉求，以保证“全国一盘棋”的效果。但与此同时，中央又鼓励地方做到“因地制宜”，即根据本地的特点、社情民意的具体情况，在不跳脱中央政策框架的基础和前提下，积极发挥地方治理主体的主动性和创造性。因为，中央政府经过多年的实践积累，也意识到了“一管就死、一放就乱”的困局。中央需要在与地方治权关系的调试和权力的分配中，寻找到一种授权和放权的动态平衡，从而形成行之有效的权力运行模式。[①]

---

① 张贤明、张力伟:《国家纵向治理体系现代化：结构、过程与功能》,《政治学研究》2021年第6期，第63页。

需进一步指出的是，这种运行模式并不是一成不变的，而是处于一种动态平衡状态。这就意味着政策执行的事实情况是两种力量在绝对中心点附近始终处于左右摆荡的态势，而中央和地方治权关系重要的内容就是要把这种摆荡控制在适当的范围内，以期尽可能地减少政策落地过程中的磨合成本。

（一）稳定还是活力：一个老生常谈的问题

中国自从进入中央集权的大一统社会后，中央政权对社会稳定的核心诉求就伴随着历史发展成为社会治理一直以来最主要的功能，这一功能首先必须通过纵向治理体系的传导加以完成。

在封建社会，“皇权不下乡”是对该社会发展阶段治理状态的共识判断，显然这种说法有待商榷。皇权难以下乡的原因主要在于小农社会的自给自足，以及受到交通、信息条件限制而形成的封闭经济社会单元。中央政权对这种状态并不是有意为之或是放任自由，更不是对权力行使的自我克制，实际上对基层治理能力或者管控能力的不足，一直是封建社会中央统治集团的噩梦。因为一旦出现诸如强大外力介入，如地方士绅阶级壮大后的土地兼并，又或者出现天灾人祸导致的经济上自给自足的小农经济难以为继，就很容易出现民变等问题，也就是说，中央和地方关系的脆弱平衡很容易被打破。但由于古代政权国家统治能力的限制，中央政府常常处于一种无可奈何的境地，只能通过宗法制度及意识形态工具来勉强维持这种脆弱的平衡。

到了现代社会，随着经济社会的发展，中央政府有了更多资源和能力完成向基层治理的延伸，千百年来加强基层治理能力的本能意愿终于看到可以付诸实现的条件。但正如中华人民共和国成立初期一些不太成功的地方管理实践所显示的，地方政权越是呆板贯彻执行上级意志，地方治理活力就越是受到限制。但如果放松了管控意识，则会形成新的乱象和地方保护主义等问题。这两种极端性问题，在中华人民共和国成立后的一段时间内以及改革开放的初期，都比较生动地反映出来。

但即使在这样的时期，仍然有一统体制和主观能动之间的并存，只是在比例上呈现出完全相反的两种状况。而一旦两者的比例达到合适的调适程度，就会诞生和涌现出基层治理的成功范例。比如“枫桥经验”早期的孕育和发展过程中，正是地方基层政府对枫桥镇公安干警敢想敢试精神的肯定，为其创造了不用照本宣科、呆板执行上级要求的空间，从而才有可能实践和总结出一套针对特殊人群帮扶教育改造的行之有效的办法。

有学者认为,中央和基层对权力分配的妥协,可以划分为“上下分治”的模式，即把国家治理划分为“治官权”和“治民权”。这一描述，较为精辟地反映了央地治理的微妙关系。一是高层级和低层级之间是一种“委托—代理”关系。上层通过对官员的任命，即委托，来实现权力的代理。在我国，这种“委托—代理”关系是一个多层级的复杂体系。二是委托者并不进行直接治理，其更多是在制定政策和任命官员；而代理者尤其是最基层的治理主体，才是真正面对一线繁杂事务的所谓“治事”或“治民”者。

通过对纵向治理结构的细致分析，我们再回到稳定和活力的命题。评价社会治理尤其是基层治理成果的一个关键标准是“既安定有序，又充满活力”。在纵向治理现有的权力结构下，虽然上中下层都以此为目标在做着各自的努力，但要达成这一诉求，并不容易。这是因为，科层制不可避免地会出现政策执行的“梗阻”现象。

（二）纵向执行的“梗阻”问题

这种“梗阻”现象首先表现为信息传导失衡的问题。

在中国权力运行结构中，从中央到基层，要经过五级“委托—代理”关系的长链条传递，这意味着不管是由上而下的政策传达和执行，还是由下而上的政策效果反馈和回应，都会形成不可避免的信息递减效应。

笔者在调研中经常可以听到基层干部这样一种抱怨：“基层干部的负担已经很重了，但还是有那么重的学习任务。”事实上，这种情况的发生，正反映了高层决策者某种良苦用心，即希望以这样层层学习的做法尽可能地减少信息递减现象的发生。这是一个比较好理解的问题。但在这里需要注意两个现象，可以更好地理解上下信息传导失衡导致的治理结构性问题。

一是作为中央政府和基层政权中介的中间层级，如省级、市级党政部门，处于一种既需要向上负责，又需要向下负责的境地。有些时候，中间层级可能会利用信息的盲区来模糊政策空间或对地方的一些自主做法“睁一只眼闭一只眼”，这种做法有其合理之处，因为在有些时候这是允许地方发挥自主权以对冲中央政策滞后性的有效手段，比如，改革开放初期安徽小岗村“冒天下之大不韪”的做法，正是对这一手段的生动诠释。

二是随着互联网、大数据等信息技术的发展，国家经济社会的信息传导模式产生了巨大进步，也引发了国家治理的深刻变革，其中一个很重要的方面就是有效减少了在治理链条中信息衰减的程度。当前，信息化手段已成为治理者非常重要的一项基础工具，以适应各种治理目标。但这只是一种对结构的改善而绝对不是彻底地改变。这是因为，正如前文提到的，有些时候信息的模糊和衰减，是治理链条的参与者主观故意的结果。

（三）“梗阻”现象最集中地表现是资源分配失衡问题

基层政权作为权力链条的最末端，已经没有任何转移责任的余地，其已经是直接对事、对人的最前沿，也是责任承担的最终端。而与此相对应的，则是基层又恰恰是治理链条中调动和配置资源能力最弱的一环。基层治理者面对的问题极其繁杂和尖锐，如果处理不好，很容易演化为更大规模的社会问题，严重影响社会稳定。在实际工作中，基层治理者面对这些治理难题时，其可以调动的资源却又是十分有限的，很多问题的处理早已经远远超出其职权范围。特别是经济社会发展到一定程度后，基层的社会矛盾和问题不再局限于家长里短、邻里纠纷。在当下，即使是表现为所谓鸡毛蒜皮的问题背后，也往往隐含着社会变迁和政府行为调试滞后等各种深层次原因。这些深层次问题的解决，往往需要在较高层级、多个部门间逐渐酝酿，反复研究协调从而在政策层面上作出针对性调整，仅仅靠一个街道、一个乡镇的力量和资源，是断然无法解决的。于是，在基层治理领域，就出现了所谓“小马拉大车”现象，有了“权责的不匹配”问题，即“权责倒挂”现象。这一现象带来的弊端主要体现在横向结构的部门动员中，我们还将在下一节重点讨论。

资源的分配失衡还体现在基层政权人员力量的严重不足。传统社会治理中，社会分工不健全、社会需求也没有经过充分发育而有失精细化，故在士绅阶层的帮助下,治理者可以在一定程度上完成基层治理的基本需求。然而在现代社会，特别是进入社会主义新时代的当下中国是这样一种情况：基层民众的需求越来越丰富和多元，一些新的社会关系、新的矛盾问题层出不穷，不论是平安建设，还是经济发展，以及民生进步，都需要充足的人员力量投入其中。

而事实上，从纵向治理结构看，如果把所有基层治理单元计算在内，很显然纵向治理结构是一个“上小下大”的形态。但这种结构无法真实地反映基层治理人员不足的窘境以及纵向治理结构所赋予基层治理资源匮乏的真实情况。当从某一个特定的基层治理单元来审视纵向治理结构时，则情况更为清晰：从人员和机构设置上看，中央、省、市无论是人员编制还是机构设置上，都是相对充足和精细的。反观基层这个最底端层级，首先办事人员少是毋庸置疑的，同时，办事机构大而化之，无法一一对应到上级各行政主管机关。这种结构充分反映了基层治理实践中经常出现的一句话，即“上面千根线，下面一根针”。

当前，新时代“枫桥经验”的实施所面临的正是这样一种环境。“枫桥经验”的根本诉求就是“小事不出村、大事不出镇，矛盾不上交、化解在基层”。基层治理主体有限能力和无限责任的矛盾，导致基层就地、就小解决矛盾时显得“心有余而力不足”。

笔者在调研时注意到，很多基层矛盾和利益分配的底层逻辑已经发生深刻变化，所涉及的需要调整的诉求和利益体量早已今非昔比。同样是婆媳矛盾，过去可能仅仅是生活方式、风俗习惯的差异造成的，而如今则有可能牵扯到房产、养老、育儿、继承等一系列法律问题，而这些问题的背后又和利益调整、政策制定、观念风尚紧密相关。作为基层治理者，仅仅靠“摆平就是水平”“治标不治本”的表面功夫，很难作为“案结事了”。而要彻底解决问题，社会风俗、大众观念、政策命令等层面的问题不能由其影响和解决。但是，如果矛盾就地解决不了，而是交到上级去，就意味着基层矛盾调解工作的失败，显示出治理者能力的不足。在各地，都会通过各种不同的方式，针对纵向权力结构带来的梗阻问题进行救济，具体的做法我们还会在后文中详细解读。

最后，需要指出的是，本章所探讨的是从权力结构角度分析纵向治理结构对基层治理现代化的制约因素，但这并不是要全盘否定这种纵向治理结构。毕竟，科层制是人类政治发展至今最为科学合理的纵向治理模式。同时，通过与中国政治传统和社会主义体制相结合的科层制在保证中央政策和精神的“一竿子插到底”和“全国一盘棋”方面，起到了根本性机制保障。尤其是在一些急难险重任务面前，如在抗击新冠疫情中，充分体现出中国特色社会主义制度下科层制结构的动员优势。因此，探讨纵向治理结构的初衷，是为了改善和完善其对基层治理的正向效能，而绝非盲目批判。

二、横向条块结构中的资源获取困境

相对纵向治理结构，对横向治理结构的考察，是对基层治理现状进行透析的另一个重要维度。这一考察和分析，将全面反映当前我国基层社会治理运转的真实情况，我们也将从中发现制约我国社会治理现代化在纵向权力运作中的结构性原因。在本章的论述中，笔者将结合一些基层田野调查中获取的典型案例，以便让论述更具说服力。

从中央、省、市、县四级横向治理结构来看，我国治理系统主要包括党委部门、司法部门、政府行政部门、直属事业单位等。具体而言，横向链条上的各党委部门、行政机关都是新时代“枫桥经验”的具体执行者，但这些执行单位却有着不同的领导或主管部门，有的纯粹由同级党委政府领导，有的要向同级党委政府和上级领导机关负责，这就是我国行政学研究中经常被加以探讨的“条块关系”问题。①

虽然在乡镇、街道这个层级上，已经不具有那么完备的行政部门划分，很多行政和治理事务都被归入乡镇政府和街道办事处。但这并不意味着在基层环节上就没有“条块关系”问题了。相反，恰恰是因为功能划分的不精细以及众多基层事务的叠加，导致了“条块关系”带来的问题更加突出。

“一统体制”是近些年学界讨论较多的概念。它的含义是指中央政府在其管辖的疆域内，对各地区、各行业以及社会各个领域的所有事务，均拥有最高的

① 赖先进：《国家治理现代化建设中的行政执行系统：结构、功能与关系》，《党政研究》2021年第5期，第110页。

和最终的决定权。[①]

最终决定权不意味着对地方治权自主的完全否定，完全管控在实际操作中显然也是不可能达成的。问题是，中央政府的管控和放权，究竟达到怎样的一种比例。地方政府是基层治理的实际实施者。事实上，在实现社会治理现代化的实践中，中央政府是鼓励地方政府的主动作为和机制创新的。

在这里，我们需要思考这样的一个问题：在国家治理体系中，基层治理究竟承载着什么样的使命和功能？笔者认为要回答这个问题，应该从中央和地方两方面对其诉求加以观察。

一方面，中央要求地方能够听从中央领导，提供稳定的社会环境，并且不断产生税收。归纳起来就是对社会控制和税收汲取能力；另一方面，地方也需要不断实现社会发展，繁荣地方经济，促进各类诸如安全、环保、教育、医疗、养老等事务的持续供给和升级。究其本质，就是地方经济社会的持续发展和优质公共服务的持续供给。

而这两方面的诉求，恰恰是通过条和线上的行政系统加以实现的，也就是说，央地利益各有自己的执行者。一般来说，服务于前者的机构，属于“条”的范畴，其本身就是中央行政系统在地方的自然延伸；服务于后者的机构，属于“块”的范畴，其本身主要服务于地方区域发展。“条”和“块”上利益代表机构，在同一治理层级中，处于一种平等地位，存在着互相监督、互相配合、互相协助的复杂关系。

通过这一简单的归纳分析，我们会发现中央和地方在某种程度上存在着先天的结构性矛盾，那就是从资源配置的角度看，中央和地方的博弈始终存在。“蛋糕”理论认为，利益之所以不好分配，是因为“蛋糕”还不够大；只要做大了“蛋糕”，利益分配的捉襟见肘就可以得到解决或缓和。但在经济社会进入一定发展阶段后，“蛋糕”理论在社会各利益主体的分配公平性或充足性上或许可以有一定的作用，但对治理主体而言则不适用。

这是因为，随着经济社会发展程度的提升，国家和地方层面需求也在不断提高。国家层面上，需要更多的资金和资源投入产业升级转型、提升基础建设、

① 曹正汉、王宁：《一统体制的内在矛盾与条块关系》，《社会》2020年第4期，第77页。

解决地域经济发展失衡问题，此外，军事、外交、国防、内政等一系列问题的开支也在随着 GDP 的不断增长而持续攀升，这就要求中央需要不断向地方索取各类资源，其中最重要的手段就是税收。而反观地方，区域内人民群众随着生活水平的提高，要求生活得更安全、吃得更放心、穿得更舒心、住得更顺心，对社会公平公正的要求也愈加提升，这要求地方政府为之配置更高质量的民生、公共服务。此外，地方与地方、区域与区域之间也存在着激烈的竞争关系，都需要更多资源投入组织再生产和产业再升级中去。由此可见，“蛋糕”再大，央地在治理资源上的矛盾也无法弥合。

在动员型国家体制下，实现中华民族伟大复兴的中国梦，是执政党为人民许下的庄严承诺，同时也是执政党自励的宏伟目标。在这个全党全国各族人民为之奋斗的总目标面前，任何社会治理的组织都应该做到绝对地服从大局，服务中心任务，这是“讲政治”的重要表现。尤其是当今世界正经历百年未有之大变局，中华民族正在面临伟大复兴的关键节点，地方上的推诿扯皮、讨价还价会被认为是不合时宜的。因此，在当前“全国一盘棋”的治理形势下，中央治权是必须大过地方治权的。反映在基层行政机构上,就是“条”重于“块”,“块”服务于“条”。

条块设计的初衷是为了满足中央和地方各自发展需求，形成权责明晰、各司其职、互相合作的理想局面。然而在实际操作中，却因为人力、财力、联系机制等方面的原因，使得在实际运作过程中，出现了一定程度上背离制度设计初衷的情况。

在制度层面上，主要表现为四个方面：一是横向行政权和纵向治理权之间的交叉点众多，导致了责任不清晰、权限有重复、多头领导等问题，严重影响了行政效率。再加上基层政府治理资源在块块上的相对匮乏，面对各个条线下来的任务，往往处于捉襟见肘、疲于应付的状态，从而滋生出不满和抵触情绪。二是政策的执行链条太长、节点过多，在纵向科层制和横向部门平行的交织中，扁平化体系无法构建，治理线索拉得过长，协调成本过高，对政策效果的反馈过于缓慢。三是条块分割导致基层治理的权责被分散在若干部门，从而形成有学者所说的“权威的碎片化”。四是由于条线众多，多头管理，各类考核检查应接不暇，基层的大量时间和精力被浪费在汇报工作、制作表格、撰写材料上，从而不可避免地产生了形式主义和官僚主义，基层干部对此颇有微词，已经成为基层治理普遍现象，成为老大难问题。

在官员态度上，为了实现职级上的跃升，基层干部存在着两种矛盾心态：一方面，是想通过积极表现、主动作为产生政绩，从而获得晋升机会；另一方面，则畏首畏尾、不敢作为、逃避责任，以致失去晋升机会。在这种矛盾心态的共同作用下，地方干部对工作的投入程度往往存在着选择和差异，导致容易的工作“锦上添花”过度，困难的局面“雪中送炭”不足。这种情况还仅仅是对拥有晋升希望的少数干部而言的。在笔者调研的过程中发现，由于基层层级低、职数少，大部分基层干部是对晋升不抱希望的，其日常工作缺乏强动力。因此面对“干不完的工作”和“担不起的责任”，基层干部往往采取避责的工作态度，所谓“当一天和尚，撞一天钟”“不干事也不出事”的心态就是这样产生的。

在财政体制上，基层行政体制的结构可以通过基层的财政体制来做梳理和解析，基层财政体制事实上可以解读为基层政府之间财权和事权划分。按照国际通行做法，中央和地方财政关系的调整属于政府间权力的重新分配，应该通过立法解决而不是由行政部门主导，但我国的政府间财政收入划分由行政部门主导。根据预算法实施条例，分税制财政管理体制的具体内容和实施办法按照国务院的有关规定执行。[①] 在世界大多数国家，中央政府的财权与地方政府财权关系由立法机关主导，而在我国，中央与地方政府间财政收入划分，由《预算实施条例》所规定，实施分税制财政体制，主导权在国务院。

立法机关主导和行政机关主导的差别之处在于：一是我国的法律对地方政府行政权力划分得非常具体细致，几乎包括了一级政府所管辖的所有行政服务事务，但是这样的划分并不是按照辖区内应为居民提供的公共服务产品来界定的，这就客观形成了对事（上级交办的任务）负责、而不是对人（城乡居民）负责的执政思路；二是法律规定的各级政府的行政权力中的绝大部分属于对接上级政府交办的任务，这就意味着下一级政府的权力对上负责，而不是对“事”（基层社会治理的结果）负责，而且一旦出现社会矛盾风险，还造成了出了问题往

① 冯兴元：《县乡财政管理体制：特点、问题与改革》，《农业经济问题》2010 年第 1 期，第 79 页。

上推的工作导向；三是我国的法律没有规定各级政府要为自己的财政状况负责，也没有界定财政支出的合理性范围。在实践中，往往造成上级政府通过行政权力把上级政府的财政责任变为下级政府责任。《中华人民共和国预算法》规定，中央预算与地方预算有关收入和支出项目的划分、地方向中央上解收入、中央对地方税收返还或者转移支付的具体办法，由国务院规定，报全国人民代表大会常务委员会备案。

在基层一级政府，这一做法导致出现了两个方面的问题：一是财政与事权脱节，事权责任不清晰、权力边界模糊；二是与事权逐步上收，工资进一步统发相伴随，乡镇财政“空壳化”“工资化”的有财无政依然一定程度地存在。

镇街财政收入是基层社会治理最重要的资金来源之一。除了地方财政给予的拨款，镇街的收入渠道也在不断拓展。但从全国的情况看，大部分基层治理主体的自我造血能力是严重不足的，只能被动地接受上级财政的拨款，镇乡财政基础亟待夯实。

三、我国基层治理现代化的其他制约因素

（一）治理效能不高

乡镇（街道）政府处于我国政府层级的最末端。对国家而言，是国家治理社会政策的最终执行者。对城乡居民而言，是公共服务产品的第一提供者。其权力主体地位由上一级政府授权、由承担的各种管理服务功能组成。在进一步全面深化改革，加快政府职能转变，建设服务型政府的大背景下，乡镇（街道）政府如何满足基层城乡居民对基层公共服务产品更多更好的需求，如何主动应对基层社会矛盾与风险的挑战，如何起到调动多方力量和资源参与基层社会治理，是实现基层社会治理现代化的关键所在。

1. 基层政府治理存在着对业绩考核的过度焦虑

目前，对乡镇（街道）政府工作业绩的实际考评权掌握在县市区政府及其政府各部门手中。这种考评制度设计，形成了乡镇（街道）政府“对上负责”的工作惯性，不仅影响了基层社会治理的效能，而且影响了乡镇（街道）政府职能的转变。以每年开展的社会治安综合治理考评为例，各地考评办法一般都

会分为两大部分：公众安全感测评（40 分）和各项工作任务落实情况（60 分）。应当说，公众安全感测评体现的应该是辖区居民的意见，但是在实际操作过程中，由于指标缺少细节，权重失衡，在没有发生重大刑事案件和安全事故的常态情况下，相邻乡镇（街道）的测评结果往往一样，不具备竞争性，能够体现差距的往往是对上工作的落实完成情况。这种对工作任务完成情况的考核，一方面，束缚了乡镇（街道）政府的工作主动性；另一方面，使其成为县一级政府在基层的办事机构，失去了解决基层社会治理问题时的相对独立性。如果进一步考虑到这种考评制度的激励效果，最终会影响乡镇（街道）政府工作人员职务晋升等利益环节，那么出于对自身利益的考虑，被上级认可的需求就会超过其对基层治理效果的追求，转变政府职能，建设服务型政府的改革目标就难以实现。

2. 基层治理受到经济利益过度驱动

影响乡镇（街道）政府治理效能的因素是经济利益驱动。一段时间以来，追求 GDP 成为一种政治选择。由于经济指标一目了然、经济成果立竿见影，各级政府偏重于考核经济发展指标，甚至以经济成果作为主要工作业绩。作为承接基层社会治理最重要任务的乡镇（街道）政府在自利性需求的支配下，工作目标往往发生偏离：不是以服务城乡居民的公共利益最大化为目标，而是以地方财政经济利益的最大化为目标。近年来，在城市，一些街道政府热衷于以出让公共服务资源的方式招商引资，在物业管理、老旧小区改造和征地拆迁过程中与民争利的情况屡有发生；在农村，不顾农民的公共服务需求，大规模拆并农村学校和乡镇医院，置换出发展工贸企业的土地资源，甚至以“新农村建设”“土地连片开发”为幌子，逼农民“上楼”、诱使农民放弃土地。这些偏离了服务职能、损害群众利益的行为，进一步加剧了基层社会矛盾的产生，影响了基层社会的和谐稳定。

3. 基层政府对群众的信任度和动员力下降

影响乡镇（街道）政府治理效能的因素是群众信任度的下降导致基层政府动员社会、组织群众能力的下降。缺少对居民提供公共服务的意识与能力、在资源分配时有失公平，这些行为影响了居民对基层政府的信任。据学者陈辉 2015 年在南京一些社区所做的调查，民众对中央人民政府的信任度高达 82%，随后则逐渐递减，对省委、省政府的信任度为61%，对市委、市政府的信任度为55%，对社区组织的信任度降至40%，这种信任的差序格局显示：从中央政府到基层组织的信任度，呈逐渐递减趋势。[①] 信任度不高导致基层政府社会组织动员能力不足。一方面，基层社会治理的权力在上下级政府间以“委托—代理”的方式封闭运行，社会其他组织、社区居民既难以参与，又难以监督；另一方面，城乡居民不愿参与由基层政府组织的公共事务和社会活动，其他社会组织往往得不到政府的支持力量，难以形成多元共治的局面。

（二）治理理念落后

1.责任主体观念落后

作为基层社会治理的责任主体，一段时间以来，不少市、县、乡三级政府将工作重心放在地方经济建设上，简单地认为“财富的蛋糕做大了，分蛋糕的难度就会下降”，把社会治理狭隘地理解为社会资源的二次分配。与此同时，自上而下的“社会管理”思维依然存在，运用政治权威维持社会秩序，利用政府管理模式调节社会关系成为一种惯性，导致在基层社会治理中政府重管理、轻服务，政策多、落实少。治理理念滞后，服务意识差，加大了基层社会治理的难度。

经济全球化、思想多元化、利益诉求碎片化不断改造着基层社会关系和社会环境，流动人口、征地拆迁、环境污染、公共安全风险等社会问题不断形成新的社会矛盾，与这些新问题、新挑战相对应，社会阶层分化加剧、社会道德建设滞后、人文教育缺乏、社会心理疏导不足，加剧了已有社会矛盾与问题的扩散裂变，给社会治理带来了新挑战，形成了新困局。在原有社会治理格局中，治理力量集中在县一级以上的条线部门，基层缺少适应这些挑战与问题的分析、预防和解决能力。

改革开放以来，计划时期的“街道公社制”已不能适应市场经济发展需求。尽管我们学习国外的社区管理模式，并建立了村一级自治组织，但是从体制机制上却由于新旧模式共存，治理系统运行不畅，“越位”“错位”“缺位”现象

① 陈辉：《中美城市基层治理的比较研究——以南京与芝加哥为例》，《学术界》2015年第4期，第228页。

时有发生。随着社会的变革和发展，基层社会各方面的新问题不断涌现并日益突出，对基层社会治理体制创新的要求越来越高。但是从现状来看，主观上治理能力比较薄弱，治理手段单一，治理方式简单，客观上社会矛盾不断涌现、信访案件空前增多、社会治安治理形势日趋复杂，常常造成“被动治理”的局面。

2. 参与范围受限

目前，大多数社会组织在基层社会治理中承担的是查漏补缺的功能。在政策层面，社会组织进入社区后，一般会在街道一级政府和社区居委会的实质领导下开展工作，在城市社区，在基层社会治理的具体实践中，社会组织可以发挥的作用越来越灵活，但与其在治理实践中承担作用相对应，社会组织并不能真正独立运行。在社区，社会组织的进入和参与社会治理都必须得到社区居委会的认可，由于社区居委会由街道政府领导，所以社会团体、基金会等社会组织的自治性、自主性被大大降低。用什么方式参与治理，参与什么治理项目以及参与的程度，都受到街道和社区两个层面的管控。政府和居委会往往会选择相对社会化程度高、服务性较强、周期长的治理项目交给社会组织来做，比如，居家养老、心理咨询、青少年权益保护等等，而那些涉及基层矛盾纠纷和公共资源分配的治理项目，出于传统管理思维和维稳思维的考虑，一般由政府和街道带领社区自己完成，社会组织参与程度不高。

3. 群众参与主体意识不足

在大多数城市社区居委会，都曾经组织居民成立过一些诸如社区志愿服务队、文艺活动队、体育健身队等基层群众组织，这些组织规模小、专业化程度低，只是在街道政府或社区居委会安排的任务框架下开展活动，成为政府和居委会的工作助手，往往在基层社会治理过程中难以应对社区居民的服务需求，而社会组织又因为受到权力限制，没有协同治理的机制，而缺少对这些基层群众组织的指导、培训和再组织的活动，往往出现同一个项目两头努力、相互推诿的实际情况。

（三）多元参与不足

在基层，城乡居民原本是社会治理的权利主体。这种权利首先体现为他们是公共服务资源的服务对象和实际拥有者、社会治安环境的直接承受者、社区村庄事务的发起者和实现者。同时，这种权利要求他们在接受服务的同时也参与资源分配政策的制定和分配方式的实施、要求他们共同建设良好的社会治安环境、要求他们成为社区大小事务的主人。但是受传统“事不关己，高高挂起”的小农思想和自上而下的治理方式影响，我国城乡基层社会治理的一个根本性缺陷就是城乡居民的治理权利体现不足、治理主体意识不强、社会治理参与程度不高，从而导致基层社会治理主体单一、自治不足、缺乏活力。

1. 早期群众参与模式遗留问题不断

土地革命以前，中国农村的社会治理中，乡绅和宗族等自发性组织既是权力的主体，也是权利的主体，几千年来他们对上代表基层民众与国家行政权力打交道，对下利用乡风民俗和家规族法来进行社会治理。土地革命之后，宗族势力在乡村被公社大队、生产队等政权派生机构所取代，乡绅群体在各种政治运动的冲击下退出历史舞台。而在城市，原本以市场力量参与社会建设与治理的民族工商业，经历了公私合营的社会主义改造，变成了隶属于城市管理机构的单位。在强化国家动员力量的时代背景下，中国的基层社会治理变成了“政府管理—集体实施”（农村）和“政府管理—单位负责”（城市）的行政化管理模式，社会治理的权利主体从属服从于权力主体，这样的治理模式在当时的历史条件下，有力地动员和组织了基层力量，在社会主义建设时期发挥了重要作用。改革开放后，土地联产承包责任制极大地调动和解放了农村生产力，村民自治组织替代了村大队、生产队的管理职能，但是由于其主要的工作是完成乡一级政府布置的各种行政事务，法律意义上“带领村民自治”的职能在实践中难以实现。事实上，村委会的实际工作内容和方式往往和过去的大队部、小队部性质相同，而选出来的村委会负责人也往往和原来政府任命的队长人选重叠，村民们依然习惯将村委会作为一级政府组织、把村长当作一个“官”来看待，所以适应农村生产方式改变的乡村社会治理的权利主体事实上并没有出现。

2. 群众参与基层治理不足的诸多原因

2018 年 9 月，中共中央、国务院印发了《乡村振兴战略规划（2018—2022 年）》，力图解决改革开放以来出现的“三农”问题，建设生产发展、生活宽裕、乡风文明、村容整洁、管理民主的美丽富裕和谐乡村，是乡村振兴战略的基本目标，对农村基层社会治理提出了新的要求和标准。作为这一战略的具体实践，浙江省推进“千村示范、万村整治”工程，明确乡村建设的主体是农民，提出在乡村振兴过程中，党和政府起到政策主导和发展引导作用，而农民要发挥建设主体和成果体现作用，二者相辅相成。同时指出在这一过程中，基层社会治理要起到基础性、全局性、引领性作用，要克服农民组织化程度低、农民普遍受教育程度偏低、农村经济发展滞后等困难，解决农民主体意识不强和参与程度不高的问题。由此实例可以看出，农民权利主体地位的确立和主体作用的发挥是乡村振兴的关键，也是农村基层社会治理现代化的根本。这其中的原因在于：

首先，在基层社会治理中，发挥农民的权利主体作用是贯彻以人民为中心的发展理念的根本要求。在治理过程中，必须充分考虑农民的主观愿望，必须自觉维护人民群众在公共服务需求、社会资源分配中的利益，必须尊重群众、相信群众、依靠群众、组织群众参与基层社会治理。

其次，在基层社会治理中，发挥农民的权利主体作用是统筹城乡发展的必要路径。统筹城乡发展、打破城乡二元分割的格局是重塑社会形态、体现公平正义、从根本上化解社会矛盾的关键之举。其中，突破体制机制障碍、解决公共服务资源均衡配置是工作难点也是工作重点，只有能够同步转变为现代意义的农村和现代意义的农民，才有基层社会治理的真正现代化。但由于各地农村受区域发展不均衡、城市化发展水平差距大的大环境影响，对体制机制障碍的突破不可能一蹴而就。因此，从各地实际出发、从村庄农民的基本情况出发，进一步调动农民自己的发展积极性、治理积极性就显得格外重要。统筹城乡发展必然要求充分发挥农民的创造性和积极性，使农民自觉地提高自身的素质，充分利用政府提供的资金和政策等条件。努力挖掘本地的各种资源优势，探索适合自己的城乡统筹发展模式，实现从传统农村、农业、农民向现代农村、农业、农民的转变。

应当看到，在改革开放之初，家庭联产承包责任制确实极大地解放了我国农村生产力，全国范围内农业生产连年丰收、农业产值在国民经济中的比重不断提高、农民温饱问题得到了解决。但是，随着公共资源分配不均、公共服务缺失等问题的逐步显现，分田单干带来的农民不热衷于村庄公共事务的弊端也逐步显现，就连 1978 年牵头发动“家庭联产承包责任制”的安徽小岗村“大包干”

带头人严俊昌也感慨“大包干把人心分散了”。可见家庭联产承包责任制下农业的分散经营造成了农村居民原始乡村关系的分化，造成个人各户之间更加重视本人本户利益而忽视村庄整体利益和合理公平的分配方式建立。

第三章　新时代“枫桥经验”彰显基层治理核心功能

党的十八大以来，随着中国的改革开放不断深入，经济社会进入了前所未有的发展阶段。但同时，中国也进入了发展的高风险期，就社会现实来说，贫富差距的调整压力加大、利益诉求更加丰富多元、社会矛盾多发易发、社会心态焦虑等问题日益突出。再加上国际形势的风云变幻，内外部环境的变化使社会治理在国家安全和社会稳定上提出新的现实需求。为此，基层社会治理急需解决三个突出问题：一是如何提供更多、更好、更均衡的公共服务产品，从而不断提高服务民生的水平；二是如何协调理顺多元复杂的社会关系，从而提供稳定有序的社会环境；三是如何及时有效地化解各类社会矛盾，由表及里地及时化解影响社会治理成效的各种隐患。

基层治理涉及基层社会事务的方方面面，“枫桥经验”不是唯一的解决方案，更不是全部的解决方案。但新时代“枫桥经验”之所以得到执政党的高度肯定和大力推广，正是因为其充分且有效地回应了基层治理的核心诉求，牵住了基层治理的“牛鼻子”，从而完成了治理体系在基层和谐社会构建中的基本功能。

一、“枝叶总关情”：审视“以人民为中心”民生观的重要维度

为人民服务向来是中国共产党人的根本宗旨，也是中国政治文明的传统理念。在基层这个直接服务人民的社会治理层级上，人民和政权的关系更体现为“你中有我、我中有你”的交融状态，这为“枫桥经验”的成功实施提供了社会基础。

西方文化习惯于一分为二地看待问题，并善于运用对立观点解决问题。在西方政治学理论看来，政权或曰国家，与人民或曰社会之间有着严格的划分和

界限。在两者对立观点的前提下，才有了以对公民权利的保障和对政府权力的限制为概念的政治哲学体系，其理论的假设基础是政权的本质是恶的，权力的诉求是无限扩张。对政府权力的限制，保证了资本主义发展初期，资本和市场的充分发育。伴随着经济上的成果,也随之产生了资本主义近代政治文明的勃兴。

而中国传统政治文明并非如此，中国的治理理念强调“官”与“民”之间和谐共处的关系，甚至以“血肉关系”等名词来形容理想的官民关系，认为善治的基础是寻求民众对政府政策的理解和配合，进而惠及人民，再而巩固政权，形成一种良性的官民互动循环。在此基础上，基层的治理状态就更加难以明确国家和社会的界限了。

在当代中国的基层治理实践中，一方面，中国共产党在长期的治理过程中，始终没有丢掉“群众路线”这个革命战争时期取得胜利的法宝，并不断将其发扬光大。一定程度上，党长期执政的合法性正在于其始终认为自己是来源于人民的政党，是以服务人民为宗旨的政党，从群众中来，到群众中去就是这一认同的生动诠释。另一方面，基层政权或基层治理的参与者，并不是有限的所谓体制内工作人员，其涉及群众组织、自治组织、行业协会等各行各业、各式各样的人群，他们既是治理活动的参与者，又是治理成效的受益者，同时也有可能是治理失误的受害者，因此，这种“你中有我、我中有你”，水乳交融的共同体关系，真正使“国家—社会”的西方经典政治学研究范式在乡土中国、社区中国的土壤中显得有些水土不服，缺乏解释的有效性。

（一）从“枫桥经验”发展看基层治理重心的坚守与微调

就“枫桥经验”来看，其之所以可以不断适应社会发展的根本原因，恰恰在于始终坚持以人民为中心的发展思想。坚持以人民为中心的基层社会治理，首先要在治理目标上关心人的基本需求，实现社会中每个人的全面发展；其次要在治理手段上尊重人的主体作用，发挥人民群众参与基层社会治理的积极性和能动性，形成社会权利与治理义务的有机统一；最后要在治理结果中体现人的意愿和价值，形成共治共享的治理格局，坚持治理结果为人民所享、由人民评判。

在新的历史时期，“枫桥经验”将以人民为中心的内涵进一步提升，从之前尊重人、帮扶人的基础上，更加注重发动群众、依靠群众，发挥群众的力量，让人民成为治理的主力军。

改革开放以来，伴随着经济社会发展，基层社会问题的性质和内容都发生了深刻变化，如何把群众发动组织起来，提高他们的自治水平和能力，成为“枫桥经验”创新发展的着力点。

在基层社会治理中，通过一系列制度和措施，推动基层民主法治建设。包括充分宣传治理方针政策，调动群众参政议政的积极性；倾听民情，引导民意，选出群众信任、为群众办事的基层干部；全面推行党务、村务和财务公开，落实村民的知情权、参与权和监督权。

为群众搭建“办事、干事、议事”的平台，让群众切实感到自己说事有地方、参与有渠道、价值有体现，从而由“要我来”的被动式参加转化为“我要来”的主动式治理。在社区矫正、矛盾化解等工作中，浙江省改变了以往靠设立机构、增加编制等行政方式推动工作的模式，通过建立社会组织孵化器、政府购买服务等方式，用小投入撬动大资源、以广动员进行“微治理”。截至2016年年底，浙江全省平安志愿者队伍达3.5万余支、230万余人，在G20杭州峰会等重大活动中涌现了“乌镇管家”“武林大妈”等一批具有浙江特色的金牌志愿者队伍。

“枫桥经验”发源地的干部群众在基层社会治理中的一系列做法之所以能够成为在全国推广发展的典型经验，有效的制度建设、有序的制度规范和合理的治理行为发挥了巨大作用。浙江干部群众将自发性的乡村治理方法转变为人民群众广泛参与的社会治理制度，在发挥广大群众积极性、创造性基础上，进行总结归纳推广，进而上升为制度，避免因人而异的不公开、不公正，同时流程上鼓励群众首创和政府支持相结合。人民群众的主人翁意识、参与意识、奉献意识，成为基层社会治理的基础，也成为各项制度得以实施的前提和条件。正是在以人为本的基础上，在民主法治基础上，“枫桥经验”呈现了其顽强的生命力和不竭的创造力。

（二）新时代“枫桥经验”的群众工作实施路径

如前文所说，党的十八大后，“枫桥经验”的发展产生了重大变化。过去以平安、稳定，治安状况良好、犯罪少、矛盾少为诉求的功利性治理理念得以提升，其更多关注的是社会平安的基层逻辑，即社会更和谐、人民更幸福、发展更可持续的健康社会，是平安社会得以实现的前提和基础。因此，“枫桥经验”从一个功能性的工作模式，上升到社会治理的普遍原则的新高度，并且写入各类党的文件。

对基层治理者来说，其工作的职能和内容也因此发生了深刻变化，从过去追求“摆平就是水平”的浅层治理，到如今要做到“治标又治本”“案结事了”的深层治理，他们所要关心的内容变得更加多元、繁杂，从“家长里短”到“鸡毛蒜皮”，从“婆媳不睦”到“邻里纷争”，这都成为基层治理必须面对的问题。社会主义发展进入新时代后，人民群众对美好生活的向往更加丰富多元，涉及吃、穿、住、行，教育、就业、婚姻、养老等方方面面的问题，这些问题都需要基层治理者去面对和解决，才能共同编织起社会治理现代化的宏大诗篇。因此，基层治理如今要做的工作，套用诗人郑板桥的名句，就是“一枝一叶总关情”。

“民生无小事”，正是一件件民生小事的解决，体现了治理者和群众之间在政治关系上的紧密程度。老一辈革命家，不管是在革命战争时期，还是在中华人民共和国建设时期，都非常关注基层群众的生活状况，不管是官方报道、影视作品，还是民间流传的佳话，都有很多老一辈领导人关心百姓疾苦的故事。在那个经济还很落后、物资极度匮乏的时代，领导人对人民的贫困感同身受，传达了党对人民的责任和为民情怀。当前，随着我国综合国力的提升，百姓的生活水平有了显著进步，基层治理者有了更多的能力和资源去关心好一件件民生小事，进而做好民生大事。正如习近平总书记身体力行，不管是在地方工作时期，还是来到中央以后，他每次下基层，第一件事就是来到普通百姓家中了解民生，他关心青少年近视防控问题，关心老年人养老等一系列民生问题，仍然是党的执政路线的一脉相承。

领导人的示范作用产生了重要的导向效果。对基层来讲，需要更加具体地、持续性地作为，才能将这种政治导向转化为治理的成效。在具体的操作途径上，基层治理者主要采取了以利惠人和以情感人两种方式方法，以实现基层治理现代化的诉求。[①]

① 包涵川：《“生活小事”：中国基层治理的重要维度——兼论政权与社会关系的中国特色》，《西北民族大学学报（人文社科版）》2021 年第 12 期，第 195 页。

一是对群众利益诉求的回应和满足。基层作为社会治理和国家治理的最末端也是最前沿，有着将上级制定的惠及民生的政策转化为人民群众具体可知可感的获益结果的必然使命。

在实地走访调查中，我们看到有的基层干部，在积极学习电商知识，为群众的生产发展寻找出路；有的地方，发动相关社会力量参与到社会治理中，为百姓排忧解难；在脱贫攻坚中，驻村第一书记身先士卒，上网带货；在抗击新冠疫情中，社区工作者在社区干部的带领下，竭尽所能保障人民群众的生命健康……这些事例，在当今的中国，比比皆是，它们每天都在各地发生着，感人的生动故事不胜枚举。

我们可以把基层的这些做法，看作是国家和社会在最前沿的交汇点上的融合，目的是通过资源的合理分配，满足群众日益多元的利益诉求，从而完成在层层加码的压力体制下社会平稳有序的任务。

对群众利益诉求的满足，往往还是利益补偿的另一种形式。如在常规治理手段失效，或百姓某项诉求无法在基层层面得到满足的情况下，基层治理主体往往会采取其他的利益补偿形式进行救济，其目的同样是为了完成社会平稳有序的任务，这一利益补偿机制也就是我们常说的“土办法”“野路子”。

这类做法在化解信访积案中经常使用。如某些当事人的利益诉求，受到历史条件的限制，即使其诉求是合理合法的，地方政府也无法在当前法律和社会条件下加以解决，或者解决成本过高。这个时候，基层就会使用一些利益补偿机制，如帮助当事人家庭安排工作，协调教育、医疗问题等。

二是以情感人。这是通过情感的交流促进群众对治理行为的配合，减少治理成本的典型做法。正如前文所说，即使是通过补偿机制来满足一些超出预期和基层资源配置能力的诉求，其成本仍然是过高的。基层有一种更加节省成本的做法，那就是交流感情，以情感人。

“将心比心”“与老百姓心贴心”等做法，都是以情感人的实现途径。在西方传统政治观念中，社会治理是一个绝对理性的工作。但是中国的做法，正是引入了感性因素，才使得许多基层治理的症结迎刃而解。从被誉为“东方之花”人民调解制度，到脱贫攻坚、抗击疫情，其之所以能够得到老百姓的普遍支持，就是因为官民的感情纽带在起作用。绝对理性无法做好社会治理尤其是基层治理工作，必须加入情感的扩充和润滑机制，这就是中国治理的特色所在，也是实现中国的基层治理现代化不可或缺的重要元素。

基层干部是如何做到与老百姓情感共通的？有一个典型做法就是直接接触，并且是长期性、多频率的接触。笔者在调查中发现，基层的网格员被要求对所负责网格的每一家的基本信息，每个重点关注人的详细情况，都要做到“底数清、情况明”。想要达到这样的效果，没有捷径可走，必须是持续性地、长期性地、高频次地走访，或者接触，哪怕是通过微信、电话等形式。

在走访和接触过程中，治理者和群众达到了互相了解、互相熟悉的状态。很多时候，基层治理就是在做人的工作，基层治理很大程度上也是对民心的治理。在工作过程中结下的官民深厚的感情，有助于一些基层治理的死结有了迎刃而解的机会和可能性。

同时，持续走访和接触，点对点地活络了干群关系，同时也以点带面，活络了基层群众之间的关系。在这样的形势下，各方在相同情境中具有了共同探讨公共事务的可能性，为自治、德治的实施，为民事民议的实行进行了准备，使多个决策单元产生了汇聚效应，从而实现了基层政权和公众生活的共同点不断增多，交汇面持续扩大的良好局面。

在利益分配和情感融通的共同作用下，干群关系的亲密及和谐，持续改善了群众的政治评价，达到了施政者的治理诉求。“民生小事”作为新时代“枫桥经验”的工作内容，也作为基层治理现代化的应有之义，被汇聚到“国家大事”的宏大叙述中，两者存在着互为支撑、互为因果的重要关系。即“小事”的实现，通过“委托—代理”机制和纵向治理结构方向层层传导，最终关系到政权稳固、社会稳定、国家发展、民族复兴的“大事”达成。由此，“小事不小”，因其最终关系到有关全局性政治诉求；“大事不大”，因其再宏大的诉求，也需要打好基础、脚踏实地，积小胜为大胜。

习近平总书记曾经有过这样一段表述：“群众的一桩桩‘小事’，是构成国家、集体‘大事’的‘细胞’，小的‘细胞’健康，大的‘肌体’才会充满生机与活力。”[①] 这正是对这一关系的最佳注解，同时也反映出新时代“枫桥经验”中这种“枝

① 习近平：《之江新语》，浙江人民出版社 2007 年版，第 26 页。

叶总关情”治理精神的必要性和重要性。

二、稳压器和调节阀：矛盾纠纷多元化解机制的运用和发展

矛盾纠纷调解是“枫桥经验”的核心内容，可以说是“枫桥经验”的“看家本领”，“枫桥经验”发展于此，成名于此。但同时，矛盾纠纷调解也是基层治理现代化的核心诉求之一。特别是随着近些年经济社会的高速发展，社会矛盾显著多发高发，处理不及时、不恰当，很容易会对社会稳定直接造成威胁和破坏。因此，社会矛盾纠纷多元化解工作得到各级政府由上到下的普遍重视，其在工作范围的广度、工作内容的深度上都在不断扩充。

矛盾纠纷化解和民生领域的“一枝一叶”是实现社会治理现代化的一体两面，两者共同促进了基层的社会安定有序。从“枫桥经验”被赋予的使命来看，矛盾纠纷的就地化解和不上交，是其得以长期被青睐和推广的重要原因，这恰恰是迎合了作为更高层级治理者的关注焦点。

对基层来说，其是矛盾纠纷化解的最前沿，同时也是责任链条的最末端，其责任如果不能得到有效承担和履行，转移的出口只能是上级部门。对更高层级的管理者来说，少数个案上交过来，尚且还能应付，但如果大家都把矛盾往上交、责任往上推，有限的行政力量，要面对如此庞大繁杂的基层问题，无疑是杯水车薪，最终的结果只能是治理体系的崩溃。因此，基层矛盾必须在基层进行化解，这一点是“枫桥经验”各个时期都秉持的价值内涵。

以浙江省为例，其在全省范围内建立了两级矛盾纠纷调处化解中心，这两级就是镇街级和县区级,在市级和省级不设矛盾调解中心。这样的做法意味明显，那就是治理者不希望矛盾纠纷不断沿着治理链条向上传递，希望在县域甚至更低层面就能够得到有效化解。

“以人民为中心”的治理理念，“枝叶总关情”的为民情怀，“民生小事”的成功处理，不断走访和接触中形成的情感交流，为矛盾纠纷的化解提供了较好的氛围和基础。同时，做好矛盾纠纷的化解也是民本思想的重要体现。再加上压力型体制下，责任和矛盾的向上转移不被鼓励，甚至如一些地方的做法，在权力结构的向上传导路径上就加以阻断，使得矛盾纠纷的调处成为基层必须面

对的问题、必须做好的功课。

（一）基层矛盾纠纷化解面临的问题

诚然，矛盾纠纷的调处涉及利益的分配和资源的整合，这既是基层必须面对的课题，也是基层难以面对的难题。在上一章中，我们分析，压力型结构的倒金字塔模型告诉我们，越往基层，其调动和配置资源的能力越低，结构决定了“无限责任”和“有限权力”的矛盾。特别是在今天,矛盾纠纷所涉及的问题，不论是从性质上，还是从体量上都已经发生重大改变。

经过实地走访调研，笔者将现阶段基层矛盾纠纷的特点总结如下：

一是纠纷主体的多元化。新形势下基层所产生的矛盾纠纷问题早已经不再是简单的家庭矛盾、邻里纠纷等单一性纠纷，而是公民与法人、法人与法人、非法人团体和组织及其相互之间发生的涉及众多利益主体和利益调整关系的复杂问题，其中发生在群众与行政主体之间的矛盾纠纷日益增多。

二是纠纷反映社会认识的变化。基层矛盾不仅贯穿于经济社会高速发展过程中，还牵扯到人们的思想、认识、价值追求、行为模式上的冲突。人民群众维权意识提升,特别是依法维权的意识逐渐形成,这是在社会认识上可喜的一面。

三是矛盾纠纷的议题日益复杂化。过去的基层矛盾纠纷，以婚姻、赡养、家庭等问题为主，不涉及社会深层次问题。现在的情况已有所不同，土地承包、征地补偿、经济合同、房屋租赁、劳动争议、福利待遇等需要进行深度利益调整的问题，是当前基层矛盾高发的类型。这些矛盾纠纷往往跟刑事犯罪、民事诉讼、治安案件、行政争议等问题错综复杂地交织在一起。有学者指出，由于个体获取经济利益的不平衡性、差异性，矛盾纠纷已由过去简单的“一因一果”，代之以“一因多果”或“多因多果”。矛盾纠纷形成的社会因素多，生成过程复杂，导致的后果严重，在矛盾纠纷的此消彼长过程中，还关联诸多不稳定因素，其后果不是涉及一个人或几个人的利益，而是涉及众多当事人的利益，增加了当前基层矛盾纠纷的复杂性。

（二）基层矛盾纠纷的多元化解方式

以上现象给基层治理者带来的最大问题就是调解的难度越来越大。基层面对如此错综复杂的矛盾关系，如此深层次的资源分配，已经难以通过过去的几名调解员、几名基层干部通过上门走访、沟通感情，以及所谓“动之以情，晓之以理”等传统方法加以解决。

在“枫桥经验”发源地所在的浙江省，全省采取了一系列从结构到过程的调整，去面对新形势下的新矛盾，取得了较好的效果。在纵向结构上，正如前文所说，在县区、镇街层面成立了两级矛盾纠纷化解中心，将各类矛盾问题统一归口解决；在横向结构上，矛盾纠纷调处化解中心的成立，最大的作用就是将矛盾调解工作由多元主体改为一元主体。在矛盾调解中心内部，往往是多部门共同进驻、协同办公。诸如公安、检察、法院、司法行政部门在内的政法机关的进驻，提供了矛盾调解实践中涉法涉诉问题的法律服务，同时各类矛盾调解经常涉及的行政主管部门，如民政、人社、住建、退役军人事务等部门，都会派员进驻，解决了行政主体责任落实和同步协调的问题。矛盾纠纷一旦进入中心，会采取分门别类的方式，流转到所涉及的各个部门，限期解决，形成闭环。这还是单一类型的矛盾，如果遇到涉及各类主体交叉的复杂矛盾，则会由中心召集所涉单位，共同会商，加以解决。具体做法上，主要有以下几个方面。

1. 形成多元矛盾纠纷解决的工作机制和运作体系

按照矛盾发现、调解、汇总的运行规律，以县级为重点建立各类平台有机融合、互联互通机制，共同构筑覆盖各地区、各领域的矛盾纠纷多元化解工作平台体系。推广建立县（市、区）、乡镇（街道）、村（居）三级矛盾纠纷调处化解平台，对矛盾纠纷实行统一受理、集中梳理、归口办理、限期办理，落实登记、交办、承办、销案等各个环节衔接制度，形成“金字塔式”矛盾纠纷多元化解工作机制。

在县（市、区）一级，设立矛盾纠纷多元化解中心或大调解中心，由综治办牵头，司法行政、维稳、信访、人力、安监、法院等相关单位派员进驻，实行集中办公、实体化运作。在乡镇（街道），由相关部门派出专门人员进驻综治中心，健全矛盾纠纷联合调处化解机制，与县级综治中心实行工作对接。在村（社区），依托综治工作站，推行专职调解员制度，依靠治保调解等力量，开展矛盾纠纷调处工作。

2.搭建矛盾多元化解实体平台

在县（区）乡（街道）村（社区）设立调解中心、分中心、工作站三级实体平台。对实际工作中出现的跨地区、跨县际、跨乡镇边界的，基层缺乏解决条件的“三跨”类矛盾纠纷，由区中心直接受理。一些涉及行业群体的重大疑难矛盾纠纷由区中心指导下一级中心化解。日常出现的常规性矛盾纠纷由分中心受理化解，形成了以问题解决为导向，从受理、分流、调处到监督执行的闭环式全链条矛盾纠纷解决机制。

以浙江永康市龙山镇为例，镇一级多元矛盾化解中心统一指挥分流，第一道村里的调委会先调，第二道镇里的行业组织、综治再调，第三道人民法庭或调或裁，除离婚外的传统民事案件基本实现诉前化解。

而在浙江全省，各地深入推进行业性专业性人民调解组织建设，推动矛盾纠纷在更大程度、更广范围、更多渠道有效化解。比如，舟山市普陀区整合部门资源和社会力量，将网格管理中心、综治中心、诉讼服务中心、公共法律服务中心、劳动仲裁院、海事渔事调处中心、“智慧城管”中心、12345公共服务中心、房屋质量与物业纠纷调委会、医患纠纷调委会成建制整合入驻，建立“十位一体”的区社会治理综合服务中心，打造基层治理“综合中枢”、矛盾风险“化解中心”。明确中心为正科级事业单位，共设诉讼服务、医患纠纷、劳动纠纷、物业纠纷、新居民权益保护等15个受理窗口，对群众诉求实行“一个门受理、一站式解决、一条龙服务”。2018年一年，该中心共解决群众各类问题3.9万件，其中62.5%“零跑腿”解决，34%“只跑一次”解决。①

3.组建专业调解团队

按照党政主导、社会参与、居民参加的原则，建设各级平台的专业调解团队，第一时间接受调解需求，第一时间开展调解工作。例如，湖州市吴兴区矛盾纠纷多元化解中心的服务团队，除区政法各单位派驻的21名专职工作人员外，还聘请了法律、审计、会计、工程建设、金融等方面具有丰富工作经验和专业知识背景的19名专家，共同致力于矛盾纠纷化解工作。浦江县矛盾纠纷多元化解中心将专业调委会和政府危机处理中心、帮扶办的工作力量整合进来，组织60名执业律师每天轮流到中心坐班，对疑难复杂矛盾纠纷提出专业意见建议，实

① 资料由实地调研所得，数据由浙江省舟山市普陀区委政法委提供。

现依法化解；把经县委组织部任命的10名乡镇群众工作员和30名个人调解员吸收到中心，充分利用其基层调解经验、人格魅力、地缘亲近关系等优势，参与矛盾纠纷调解；组建由90余名专业心理咨询师和婚姻指导师组成的服务团队，设立专门谈话咨询室，不定期免费为当事人提供各类心理咨询和婚姻家庭指导。

4. 创新调解方式

浙江省改变以往化解矛盾纠纷基本以人民调解为主的方式，通过协商和解、调解、仲裁、裁决、复议、诉讼等多种方式，实现一体化、实体化化解矛盾纠纷。浙江浦江县通过主动加强与法院、检察院、公安局协调对接，完善诉调、检调、警调工作机制，明确矛盾纠纷化解职责，同时从政法部门抽调精干人员进驻中心，开展涉法涉诉联合接访。依托县级中心平台，加强与各部门、乡镇（街道）及村（社区）和第三方调解组织等衔接，对群众反映的各类矛盾纠纷，由中心统一受理、集中梳理、归口管理、分工负责、共同参与、依法化解。

同时要建立健全矛盾纠纷多元化解长效机制。一是完善矛盾纠纷分流交办机制。按照属地管理和分级负责原则，县（市、区）级中心（平台）及时将矛盾纠纷分流到相关乡镇（街道）、部门或中心内设部门，并明确办结时限。二是完善信息分析研判机制。中心（平台）定期组织开展矛盾纠纷排查，动态掌握基层矛盾纠纷，每月召开一次矛盾纠纷排查调处和不稳定因素分析例会，通报工作开展情况，分析研判形势，并向同级党委政府报送研判专刊。三是完善调解员培训和激励机制。加大调解员队伍建设力度，分批对调解员开展培训，加强调解组织星级评定和调解员等级评定工作，完善调解员分类分级管理制度，实施“以奖代补”等激励机制，充分调动调解员工作积极性。如杭州市、温州市等地“访调对接”工作室的人民调解员，年人均经费标准达到9万元。四是完善多部门联合调解机制。充分发挥各职能部门的作用，协同调解，提高调解成功率。五是完善督查考评机制。把矛盾纠纷多元化解纳入年度平安综治考核，中心（平台）每季度不少于一次到乡镇（街道）和部门检查、指导矛盾纠纷调处工作，对分流交办的矛盾纠纷进行跟踪督查。

5. 鼓励建设个人品牌调解室

立足纠纷矛盾化解工作实际，按照“成熟一个，发展一个，规范一个”的原则，大力培育品牌人民调解室、知名调解员，在乡镇（街道）大力推广建立个人品牌调解室，进一步提升人民调解的社会公信力和影响力。

（三）“枫桥经验”是做到“矛盾不上交”的根本逻辑

“枫桥经验”的重要特点就是在于把矛盾的化解放在基层，坚持不上交矛盾。要达到这一功能和治理成效，就必须将矛盾隐患在早期、萌芽阶段就加以发现并解决。因此，其始终坚持在矛盾纠纷源头甄别、调解解决、预防化解各个阶段和流程中依法办事，始终坚持矛盾纠纷由各利益主体和调解主体依法处置。

首先，建设“横到边、纵到底”的基层公共法律服务体系。按照一村（社）一警、一村（社）一律师（法律顾问）的标准配齐基层法律专业力量，提高现代乡绅、社区工作者、社会服务组织人员和平安志愿者的法律素养和能力，倡导基层群众养成遇到问题找法、解决问题靠法的法治素养。

其次，坚持依法调解纠纷化解矛盾。为加强矛盾纠纷的源头甄别和分类疏导，2015 年 3 月，枫桥镇出台了《关于建立枫桥镇矛盾甄别化解疏导机制的实施意见》，对矛盾纠纷从源头上依法甄别，把需要依法处置和可以自愿调解的矛盾纠纷区分开来，从源头依法回应诉求、化解矛盾。同时，整合现有人民调解、司法调解、行政调解和社会调解的条、线、面力量，按照矛盾纠纷类型和不同利益群体诉求分类依法调解，同时加强信访、调解和司法联动，按法定途径妥善处理信访突出问题，在解决群众合理合法信访诉求的同时打击非法信访。

除了这些司法、行政等单位，两级矛盾调解中心还会组织行业调解组织，如交通事故纠纷的调解委员会、医疗纠纷调解委员会、劳资纠纷调解委员会等，作为人民调解的助力和行政调解的补充，发挥重要作用。例如，诸暨市心理卫生协会在化解社会矛盾纠纷中发挥着越来越重要的作用。协会成立于 2013 年，主要由二三级心理咨询师、中高级教师、医生组成，工作领域涉及信访矛盾化解、婚姻家庭矛盾调处等。协会主要参与的项目有用心理学升级“枫桥经验”解决顽固信访问题、“星语星愿・与爱同行”关爱孤独症儿童项目、预防青少年违法犯罪、婚姻家庭矛盾调处等。几年下来，协会高级咨询师团队已经解决顽固问题十余起，给审判降低难度。同时对 2000 余个婚姻家庭进行了矛盾调处，协会逐渐成长为专业性社会组织。像诸暨市心理卫生协会这样的专业性社会组织，获得了更多参与基层社会治理的机会。诸暨市司法局每年投入 600 多万元向包括心理协会在内的4家社会组织购买分类教育、心理矫治、风险评估等服务，组建了一支由45人组成的社区矫正社会工作者队伍。

就治理能力来说，专业化只是新型社会组织的一个优势，一些在区域社会范围内组织起来的社会组织，本身代表着居民的权益，在解决社会治理难题方面具有天然优势。福建省厦门市思明区滨海街道曾厝垵文创村，是一个由农村改造而成的城市社区，由于地理文化优势，吸引了大批游客和文化创意产业从业者，其流动人口规模是常住人口的6.7倍。近年来，在政府引导下，业主协会和文艺青年、商户共同组织成立了曾厝垵文创会。文创会设置了曾厝垵文创村游客投诉服务中心和新媒体投诉平台，自2016年1月份到2018年底共受理各种纠纷、投诉625起，通过解决了大量社会治理中的小纠纷、小问题，同时，还组织巡逻队每天巡逻一次，处理文创村占道经营、违章搭建、噪声扰民等问题。文创会的资金来源通过“以奖代补”与政府购买服务相结合，例如文创村的义务巡逻队采取“以奖代补”办法。文创村社会治理任务十分繁重，为了推进曾厝垵文创村的治安管理，增强安保力量，实现文创村“发案少，秩序好，辖区稳定，群众满意”的目标，街道自2016年1月起实施文创村“义务巡逻队”以奖代补方案：由曾厝垵社会组织、团体和自治组织主动提出申请，根据申报情况和曾厝垵文创村实际情况，采取“以奖代补”方式，对条件达标、审核通过的“义务巡逻”组织、团体予以一定奖励。据统计，2016年“义务巡逻队”以奖代补金额为17.3万元。同时，街道采取政府购买服务的方式，委托曾厝垵文创会在曾厝垵的网络平台等媒体上加强对文创村的宣传引导，并对文创村的市场进行整治，通过“以奖代补”和政府购买服务解决社会组织的运营经费问题。

在培育发展新型社会组织的过程中，还要注重发挥基层党组织的组织优势和动员能力。诸暨市店口镇是全国知名的五金、管业生产基地，户籍人口6.5万人，外来常住人口“新店口人”超5万人。工业的先发优势、产业的良性发展、城市化的深入推进，极大地加快了人口集聚。大量流动人口在推动店口经济社会快速发展的同时，也给店口社会带来了诸多影响和谐稳定的不良因素，治安刑事案件高发，社会治理压力加大。2015年10月，店口镇派出所在镇党委的支持下，适时成立新店口人党支部。外来党员的身份决定了他们既是外来建设者，也是创优争先的党员。在新店口人党支部这个平台上，更便于他们发挥先锋模范作用，该党支部下设平安创建宣传队、治水护水先锋队、计生工作协助队和爱心志愿服务队等，充分发挥了外来党员在第二故乡的作用。2018 年 3 月，按照国家群团组织管理的要求，店口镇正式在民政部门登记注册了以流动党员为主体的社会组织——新店口人先锋队。按照“先锋引领、均等服务、诚信管理、连心关爱”的思路开展建设，业务范围包括流动人口登记、信息排查、纠纷调解、法律咨询、公益活动等。流动人口管理模式实现了由“外警协管外口”向社会组织自主管理的转变。①

据统计，截至 2024 年三季度末，在全国共登记社会组织 87.9 万家，全国志愿服务信息系统注册志愿者超过 1.9 亿人。由此可见，在基层社会治理中，社会组织已经成为维护社会和谐的重要力量、推进平安建设的重要主体和弘扬社会文明的重要阵地。

由此可见，比起矛盾的多元调处，更好的办法是及时发现、及时解决，把矛盾化解在萌芽、解决在初期这样的方法成本最低、难度最小。新时代“枫桥经验”要求建立共建共治共享的社会治理体系，通过人民群众的积极参与，对矛盾纠纷早发现早化解。在各地实践中，基层主体通过建立网格员、调解员、平安志愿者等队伍，实现对基层民众的矛盾纠纷的调解。

三、杜绝“黑天鹅”“灰犀牛”：新时代重大社会稳定风险的特征及其防范化解

在风险社会环境中，党经常强调底线思维，要求各级党组织和领导干部不断增强忧患意识，防范化解政治、意识形态、经济、科技、社会、外部环境、党的建设等领域的重大风险。习近平总书记告诫全党，既要高度警惕“黑天鹅”事件，也要防范“灰犀牛”事件。这充分体现了党一以贯之的忧患意识，也反映了当前社会风险隐患对社会稳定和党长期执政存在的危险情况。

（一）基层治理面临的重大风险类型

在基层治理层面，社会风险主要包括以下类型。

① 资料和数据由浙江省诸暨市委政法委提供。

一是经济安全方面的风险。新常态下，我国经济增长正在从要素驱动、投资驱动转向创新驱动。创新驱动要求“去产能”“去库存”，倒逼一些落后企业凤凰涅槃、腾笼换鸟。但也正是因为产业升级带来的“阵痛”，会导致企业资金链、担保链的断裂，从而引发涉众型群体性事件、大规模集体访的发生，而此类问题往往直接发生在基层，给基层治理者带来重大压力。近年来，受到国际局势的影响，中美经济摩擦的持续，以及新冠疫情的影响，经济金融风险指数显著提升，并且已经显示出向社会领域、政治领域传达的倾向，引起基层治理者的高度重视。

二是社会治安方面的风险。随着经济社会的高速发展，出现了对社会治安产生重大影响的新业态、新问题，诸如非法集资、金融诈骗、电信诈骗等违法犯罪活动还处于高发活跃期。此外，随着人民群众对环境、食品安全的意识和要求不断提升，对相关环保类项目的要求也越来越严格，且项目在建设论证过程中群体性事件时有发生。

三是公共安全方面的风险。近年来，我国一些地方危爆物品、寄递物流、交通运输、消防安全领域重大事件事故频发，形势对基层治理的工作内容和范围都提出进一步扩大的要求，为基层治理主体提出了新的课题。

四是利益矛盾方面的风险。特定利益群体“维权”的组织性、联动性、对抗性进一步增强。此外，在科技、外部环境、党的建设领域也存在着不同程度的风险隐患，要求基层花大力气防范化解。

（二）新时代重大社会稳定风险的成因

1. 基层基础存在的短板

重大风险的大量存在伴随经济社会发展而产生，但也与基层治理的短板息息相关。近年来，尽管基层治理的基础性工作得到了明显加强，但总体薄弱的状况并没有得到根本扭转。除调动资源能力不足外，一些监管机构的力量十分薄弱。比如在浙江省，其快递业务量约占全国的五分之一，危险化学品生产企业近20000家，但监督人员非常少。一些地方实有人口、实有房屋底数不清、情况不明，重点人群需求不了解、帮扶不到位，甚至存在着“脱管漏管”问题。

2. 治理机制存在的短板

重大风险的防范与化解离不开完善的防范体系和机制。然而，面对严峻复杂的形势和挑战，防范体系建设还存在着许多突出问题和薄弱环节。一些风险隐患未被及时发现和处置，一些地方在风险处置和应急管理方面制度不落实、机制不健全、措施不到位，面对突发事件时往往手忙脚乱。还有电信诈骗、网络犯罪等新型犯罪面广量大，犯罪活动的组织化、智能化、非接触性特点日益突出，有些犯罪活动颠覆了传统的犯罪方式，而许多地方还在分头立案、各自为政，地方与地方、部门与部门的协调机制不畅，联动配合不足。

3. 网络治理存在的短板

一方面，网络意识形态方面的较量愈演愈烈，敌对势力借网络捣乱破坏活动越来越猖獗；另一方面，我们的基层治理者在涉网意识淡漠，对网络舆情的敏感性不足，处置手段和能力水平相较于互联网社会的发展严重滞后。在基层党政系统内部，信息化的推进存在不均衡状况。一些地方不舍得资金投入、不愿意技术创新、不愿意数据共享；一些部门将自己掌握的信息资源与其他部门交流共享的意愿严重不足。信息化、智能化建设存在形式主义，一些数据系统只是当作“仓库”，造成大数据“睡大觉”的状况。从涉法涉稳事件舆情应对的实践看，不适应“互联网 +”时代的新要求。对基层治理来说，互联网是一把锋利的“双刃剑”，它既能带来便利和机遇，也可能引发诸多挑战。

4. 社会动员存在的短板

创新基层治理需要形成各部门、各领域、各团体、各人群的“大合唱”格局。在防范和化解重大风险过程中，更应该强化这种社会动员和社会协同，推动政府和社会要各归其位、各担其责，而不能单纯依靠政府单打独斗、包打天下。这就考验到基层治理者的社会动员能力。面对日新月异的经济社会发展形势，面对基层治理新问题增多、复杂性增强的局面，面对量大面广的各类风险。迫切需要党政机关加强统筹、部门协调联动。

5. 风险意识存在的短板

风险社会需要治理者时刻保持风险意识，但对基层治理者而言，这方面的意识存在短板，表现为对重大风险思想认识不到位、工作作风不踏实、能力水平不适应。在全面从严治党方面还存在诸多问题，比如形式主义、官僚主义，在一些地方仍然不同程度地存在。如一些地方对重大决策社会稳定风险评估不够重视，引发了社会矛盾。虽然基层治理中普遍要求“痕迹”管理，但存在重“痕”

不重“绩”、留“迹”不留“心”的问题，政绩观错位、责任心缺失。

（三）防范化解重大风险的应对之策

1. 不断提升预测预警预防能力

在基层治理中，对风险隐患的预测能力，处于重要位置。习近平总书记在浙江工作期间，身体力行增强忧患意识和居安思危的理念。2005 年，台风“麦莎”登陆浙江前夕，时任中共浙江省委书记的习近平同志精心部署、周密安排，相关地方的基层干部冲锋陷阵，提前作为，将居住在工棚、海塘和山地等灾害容易发生地带的群众提前进行了转移，在短短 20 小时内转移了 124 万人，这在浙江省基层治理史上是空前的。最终，这场 50 年一遇的特强台风来临时，全省无一人伤亡，人民群众财产损害程度也被压降到了最低。在执行、贯彻、落实新时代“枫桥经验”好的地方，基层治理者无不是时刻保持忧患意识，始终坚守安全底线，未雨绸缪，不断提高预警预测预防重大社会风险的能力，从而才能够下好先手棋，打好主动仗。

2. 在社会稳定底层思维上发力

一个国家和社会要保持长期稳定，基层的稳定是必然前提。而基层稳定的基础和逻辑，则体现在三个方面：那就是就业稳、经济稳、预期稳。这是基层治理的重要基础，需要基层治理者和更高层的党政部门共同协调处置。基层治理不能只看作是基层的事情，各级部门都应该加以重视，其决策的制定、执行的最终目的也终将作用于基层这个场域内。在当前形势下，保证经济稳定、企业发展稳定，特别是民营企业的发展稳定，需要各级主管部门打好政策组合拳。此外，如何贯彻落实好中央关于房地产市场平稳健康发展的指示精神，需要地方针对性制定细则，建立长效机制。同时，建立健全重大风险研判机制、决策风险评估机制、风险防控协同机制、风险防控责任机制都应该加以配套和实施。

3. 在处置具体问题上形成合力

基层治理要坚持“共建共治共享”的理念。毛泽东批示学习推广“枫桥经验”，习近平总书记指示坚持发展“枫桥经验”，而各地积极推出举措，进一步深化新时代“枫桥经验”，其实就是在深化和贯彻“党委领导、政府主导、部门协同、公众参与、法治保障”的基层社会治理机制。加强和创新基层治理，归根到底是对人的管理服务和对社会各类利益矛盾的治理。在方法上,各地注重主体多元、方式多样、手段多种，拓宽人大代表、政协委员、律师、法律工作者等第三方参与的风险化解渠道，善于运用新技术手段提高风险的预警和解决水平，形成化解重点领域重大风险的合力。

第四章　对新时代“枫桥经验”的过程讨论及启示

基层社会治理创新是顺应我国社会主要矛盾新变化、建设更高水平平安中国的基本路径。随着进入社会主义新时代，人民需求、社会关系和基层矛盾都发生了历史性变化，传统意义上的基层社会治理以化解社会矛盾、维护社会稳定为主要目标，已不能完全适应人民群众在安居乐业、健康安心方面的新追求，也不能积极应对影响社会安定有序的各种新因素和新挑战。经过六十多年的发展，“枫桥经验”在基层社会治理中不断发生着蜕变和进化，主动适应了基层社会治理面临的新问题，回应了人民群众的新需要，创新了基层社会治理的新领域、新方法和新内容，让人民群众拥有了更加充实的获得感、更有保障的幸福感、更可持续的安全感。

然而，我国政治体制权力结构的运行特点，决定了在基层治理环节中，权威影响相对缺失、治理资源相对匮乏、动员能力相对不足的问题，这些先天结构的不足，造成了“无限责任”和“有限权力”之间的矛盾，即结构和目标的矛盾。但通过常年走访调查，我们发现以新时代“枫桥经验”为代表的基层社会治理实践，出色完成了各级权力委托者的治理诉求，完成了原有治理结构在逻辑上难以实现的治理成效。也就是说，在权力结构和治理功能之间，一定存在着某种转换机制，很好地放大了原有结构体系的先天优势，消减了结构本身的短板和不足，从而达到了良好的治理绩效。通过对基层治理过程的展示，本书发现和梳理出弥合“结构—功能”矛盾的几条重要路径，并以此为基础，为实现我国基层治理现代化找到了实现的“钥匙”。

一、权威的扩展：党建引领下基层治理体系的重构

前文中，我们依据“结构—功能”框架分析了社会治理现代化实践过程中，我国治理结构存在的优势和不足，以及在新时代“枫桥经验”实施过程中，观察到的执政党和基层治理主体对社会治理的根本政治诉求和实现路径。但同时我们也应该注意到，“结构—功能”框架在中国复杂的基层社会治理实践中缺乏解释的精细化和差异化，显得过于粗糙。简单地从结构到功能，尤其是从结构的不足如何实现功能上的完备，这其中缺乏相应变量，从而使其难以具备逻辑上的自洽。于是，笔者在这里引入政治权力在社会治理中的运作过程这一更加精细和动态的观察环节，从而在“结构—过程—功能”的框架下更加合理解释中国的基层社会治理实践，使得对治理现象的诠释具备更佳的说服力和合理性。

在对“过程”的观察和探讨中发现，基层社会治理具备充足的创新空间，有效弥补了结构上的不足和短板，完善了功能上的诉求。在各地兴起的“治理竞赛”中，各方采取了不同的救济方式，在不改变也无须改变原有权力结构的前提下，达成较高的功能诉求。将这些方法总结起来，就是在政治、自治、法治、德治、智治上的融合贯通和综合施策，让我们更加准确理解我国基层治理善治格局的行为逻辑。

（一）党建引领下的治理体系内部协同共治

多元共治是一个理想状态下的社会治理或者善治模式的典型状态，这一点在东西方政治理论中都是得到承认的。这里的多元治理主体，宏观概念包括政府部门、社会组织、志愿者组织、企业法人等机构，类似于西方政治中的“无缝隙治理”。狭义理解也可以解释为政府内部的各个行政部门的协同配合，综合施策。然而，在中国“条块”交错的治理结构中，难以被有效动员起来。

在我国，基层治理主体是纵向科层制结构下“委托—代理”链条的最后环节。在横向层面，中央、省、市、县四级都具有比较完备的行政机构和部门，诸如财政、司法、人社、教育、医疗等主管部门，根据宪法规定，配置齐全、各司其职，共同形成条块行政网络。而我们聚焦的基层治理这个层面，即乡镇、街道及以下层级，配置的行政机构相对少些。同时，从级别这个科层制最为关键

的权力代理逻辑看，我国乡镇、街道大多属于科级单位，县、区层级的各行政部门同样也是科级单位。一定程度上，两者同级别的情况下，行政单位管全域一事，镇街则管一地全事，两者存在着点上的交叉而非面上的覆盖。

基于这些原因，导致在具体操作上，镇街层级难以有效动员和支配行政资源和治理力量，从而达到有效治理成果。过去，镇街层面需要面对和处理的问题，都是比较小而零碎的事件，如办理证件，处理邻里、婆媳关系等，这些管理服务职能相对单一，操作相对简单。而随着经济社会的发展，人民生活水平的提高，人民对美好生活的向往、各类矛盾纠纷发生深刻变化，诸如产权、劳资、公民权益等一系列诉求，涉及深刻的社会问题，需要更高层级部门单独或联合解决，这就为基层治理主体提出了难题，那就是科层制权力结构并没有赋予其调动诸多行动资源的能力。甚至在一些地方，其能力配置仍然停留在改革开放初期及以前的状态，不能适应经济社会的高速发展，从而在一段时间内出现了大量的矛盾问题。这些都为基层治理现代化提出了新要求、新挑战。

如何破解这种权力和责任的矛盾，破除行政动员能力不足的难题，包括新时代“枫桥经验”在内的各地实践，为我们提供了新的解决思路。这其中比较有代表性的做法就是北京的“街乡吹哨、部门报到”。

“街乡吹哨、部门报到”是北京市为有效破解城市基层治理难题，探索形成党建引领、多元协同的工作机制：当街、乡党政机构遇到需要跨部门、跨区域解决的难题时，由街乡“吹哨”，发出集结令；相关部门“报到”，让各类城市管理力量在街乡层面上综合下沉、力量聚合，形成权责清晰、条块联动的体制机制。这项改革探索牢牢抓住了党建引领这个根本，以办好群众家门口的事为目标，以推动街乡管理体制机制创新为突破口，紧紧围绕层级关系赋权、职能部门下沉、机构设置增效，着力构建基层治理的应急机制、服务群众的响应机制和打通服务“最后一公里”的工作机制，将党的政治优势、组织优势转化为城市治理优势，切实保证了基层事情基层办、基层权力给基层、基层事情有人办。

“街乡吹哨、部门报到”形式上是破解基层治理难题的一个“响应机制”，其实质是推动城市基层从传统管理向现代治理转变的一场系统性变革。这项改革的核心是以党组织领导基层社会治理为主线，加强党的领导，发挥党的政治优势，把基层党组织建设成为领导基层社会治理的坚强战斗堡垒；关键是坚持党建引领，着力形成到基层一线解决问题的导向，走好新时代群众路线；目的是建立基层治理的应急机制、服务群众的响应机制、打通服务“最后一公里”工作机制，切实做到民有所呼、我有所应。

这一做法，有效避免了科层制的弊端和条块分割的矛盾，一定程度上提高了基层治理主体的权威效应。① 具体的做法上，具有以下特点：它们可以被看成是完善“结构—功能”框架的“过程”环节，因为其并没有改变纵横双向的权力结构，其目的则是对功能诉求达成而必须做到的必要调适。

一是有效赋权。在基层镇街，管理者拥有了可以在特定治理事务上调集、协调、指挥同级行政机构的能力，在一定程度上，镇街成为真正有行动决策权的一级治理主体。需要注意的是，这种资源的调动和指挥，以特定治理事务为前提，并不是说基层治理主体得到了全面赋权，需要强调被赋予权力的选择性和针对性。

二是有效赋能。在针对性赋予权力的基础上，基层的资源调配和动员能力显著提升，从而赋予基层较强的工作能力，在一定程度上使得权力和责任达到匹配。

这些做法在功能上达成了“基层事、基层办，基层矛盾、基层化解”的治理初衷，弥补了科层制对经济社会发展变化新形势的不适应，从而也大大激发了基层干部的主动性、能动性和主人翁精神。

（二）基层赋权的途径是党组织的权威扩展

“街乡吹哨、部门报到”最大的作用和优势，是更好地帮助基层治理主体有效化解社会矛盾这个社会治理现代化和社会安定有序局面的关键环节上。

因为在这样一种探索下，基层治理的领导核心逐步显现出来，那就是街道、乡镇党委。我们在前文中已经提到，基层社会治理存在着民生提升和矛盾化解两个方面。对基层矛盾纠纷的主体来说，如果基层治理者的资源配置能力较低，其在调解过程中，不可能给当事人以可执行的回应和保证，必然出现“前请示、后汇报”的情况，也就是老百姓常挂在嘴边的“说了不算”。对一个说了不算

① 朱健刚、王瀚：《党领共治：社区实验视域下基层社会治理格局的再生产》，《中国行政管理》2021年第5期，第6页。

的治理者而言，很难取得老百姓的信任，其矛盾调处的成果和社会治理的效能可想而知，长而久之，会严重影响基层治理者的权威性和公信力。这样的结果，就必然导致矛盾无法在基层处置和化解，必然导致矛盾向更高层级流动，甚至出现违规访、越级访等问题。

因此，对基层治理者，必须突出其权威性和领导核心地位，要达到这样的效果，就必须让基层说了算。而能够有效调配各类行政资源的抓手，必须且只有通过党建的政治引领，这与中国共产党的政治传统紧密相关，也是回应群众呼声的必然举措。

有了化解矛盾、定分止争的基层治理核心，即镇、街党委的权威得以树立，就可以捋顺条块结构里的各类行政主体关系，从而较为顺利地调配行政资源和各方力量，进而有效吸纳基层矛盾在基层治理的框架内加以化解，从而真正实现“枫桥经验”中提到的“矛盾不上交”。

在这里，我们所提的党建引领下的多行政主体共治，还主要是在讨论通过基层党委去引领条线行政单位共同参与基层治理工作，这其实是一个狭义上的多元。在广义上来讲，党建引领的多元主体，当然还要包括各类社会组织、人民团体等。对这些主体的参与情况，我们将放到下一节去具体讨论。

此外，我们还需注意到，这套机制得以成功运转的一个重要保证，在于监督机制的建立完善和执行到位。

比如，北京市延庆区就在区纪委监委明确了由党风政风监督室统筹协调“吹哨报到”机制的运转情况，其构建起监督检查室、派驻纪检监察组、乡镇纪委、街道纪工委、党风政风监督员和政府特邀监察员监督体系，形成基层纪委靠前监督、党风政风统筹监督、派驻巡察回访督导监督的监督合力，并且采取清单式管理，明确各乡镇、街道、部门的权责清单，做到部门与部门之间、部门与街乡之间“无缝衔接”。同时，采取跟踪问效的方式，以主体责任、监督责任和领导责任的落实为抓手，开展跟踪问效，第一时间了解信息，通过“响应率”“解决率”“满意率”三个指标，落实责任。

这样做的目的，显而易见。如果没有纪委监委的强力监督，在传统权责关系的影响下，行政部门是没有义务和动力去听从基层镇街党委的指挥，配合基层治理工作的。只有通过上层的高度重视，有了有效监督的压力，才能督促各部门履行要求，避免“不吹哨、乱吹哨、不报到、不作为”现象的发生，从而保证“街乡吹哨、部门报到”机制的运转。当然，在机构改革后，党政行政的监督权都收归纪委监委，这套机制本质上仍然是在借助党的权威在发挥作用。

（三）加强政治引领的启示和意义

其实，北京的这套探索并不是完全意义上的“平地起高楼”，其创新是在中国共产党政治传统和长期治理经验的基础上进行的。“党委领导、属地管理”是这套机制的制度基础和政治传统。同时，各地的先行经验也有一些类似探索，如上海市的“区域党建”、湖北省武汉市的“红色+”探索等。笔者认为，这些经验和实践，为社会治理现代化提供了很多值得思考和借鉴的启示。

一是为新时代“枫桥经验”的贯彻落实提供了组织保证。新时代“枫桥经验”的内容已经从小平安上升到大平安、从小管理上升到大治理的层面，它的工作面向涉及经济社会发展的方方面面。正因为如此，其需要调动的资源已经今非昔比。在传统的科层制治理结构无法改变的情况下，又要达到大平安、大民生、大治理的诉求，就必须在过程环节采取变通措施。这套变通措施得以成功实施的关键，是通过党的权威的扩展，给基层镇街党委赋权、赋能，使其成为基层社会治理的真正核心，在政策执行层面上成为指挥者，在治理事务中成为权威者，从而有效破解“权责倒挂”的压力和矛盾。

二是基层党委的核心作用得到落实。之所以这样说，是因为镇街党委已经从幕后走到台前。曾经的治理模式，大都是镇政府、街道办出面协调工作，但是效果并不理想。如今则都是以党委名义进行资源调配，把技术性问题提升为政治性问题，调动起各职能部门的重视程度。由此可见，在新的社会治理格局下，基层镇街党委，甚至包括社区、村委，已经逐渐成为基层治理的实体化、实战化阵地，真正发挥了战斗堡垒作用。具体在实施过程中，基层党组织事实上是厘清了和基层行政组织的关系，同时又通过强化自身的政治属性以及动员能力进而巩固了自己的权威地位。总之，基层党建引领的社会治理模式或政治引领模式，是基层社会治理现代化得以平稳进行的绝对保障力量。

三是政治引领完成了基层治理协调模式的创新。过去我们理解中的党建工作，更多的是为了统一思想，为了提升各级干部的党性修养和理论水平，形成一种干事创业的良好氛围而进行的务虚工作。也就是说，党建在组织内部的思想统合作用往往大于实战应用功能，它固然是一切工作的前提，为具体事务提供总指导，但其并不直接指导具体的事务细节，是一种抽离的、抽象的伴随性状态。但如今，党建引领已经成为一项具体工作，一种新的基层治理的动员方式和全新的协调模式。党组织作为基层的治理阵地，必须参与功能协调、机构协调、事务协调、利益协调等全方位工作，其已经成为真正的治理核心，成为各行政部门需要听取指示的“令出一门”的机构，在增强其权威领导力的同时，实则改变了过去基层治理中“多头治理”又“多头不理”的弱动员、弱治理局面，真正形成了良性循环的强动员、优治理格局。

（四）基层党组织权威扩展的根本逻辑

在笔者进行的大量采访调研中，以基层党建为引领的行政主体多元共治已经成为普遍做法，即使没有成为诸如北京“街乡吹哨、部门报到”经验式的总结和推广，各地也已经在实践中探索出了各种类似的办法。这样的权力运作过程在固有权力结构的基础上，完成了基层社会治理的诉求。另一方面看，这些地方不约而同地在权力运行过程中向党建寻求解决科层结构短板的破解之道，又恰恰证明了党引领社会主义建设各项工作在我国社会发展中的合理性和必然性。

西方政治理论经常会讨论政党和政府之间的关系，把党政关系看作一个重要的学术框架作为观察西方政治的重要依据和范式。政党和政府的关系互相影响，党的权力究竟能影响到行政机构多大的范围和多深的程度，以及党的影响力和政府的行政力的边界在哪里，这些内容是“政党—政府”框架下重要的研究内容和观察维度。这是资本主义政党轮流坐庄，争夺执政合法性的体制机制造成的。一定程度上说，这样的态势恰恰证明了西方政治中，单个政党在对立撕裂的社会中，其全面执政合法性是不足的，因为其只是在迎合本党选民的口味，而不能代表最广大人民的利益。

但是在我国的政治语境中，不能把执政党和政府看作是两种平行的政治力量，或有平等的政治地位以及像西方国家一样并不完全在治理时空上匹配的党政关系。事实上，在党的十九大报告中，就明确告诉我们，“党政军民学，东西南北中，党是领导一切的”。在中国政治学的研究中，党政关系在中国当然是一个必须进行探讨的话题，党和政府的界限当然需要进一步廓清。但是，一定要避免的一个问题是，把执政党和政府的政治地位等同化之，当成两个对等力量进行观察，那样就背离了事实本身，而陷入西方政治学说的固化窠臼，从而出现水土不服和解释力不够的问题。

在中国的治理实践操作中，中国共产党是可以整合一切社会治理力量参与治理活动的唯一具有绝对地位和权威的政治力量。一切社会治理活动，都可以通过执政党的介入从而具备更高的政治意义。也就是说，政府的行政部门参与的治理只是技术性的，而在政治引领下的行政部门参与的治理活动则被赋予更高价值意义。观照到新时代“枫桥经验”，我们看到其无论是在理论上，还是在实践中，都在始终高举政治大旗，这与新时代“枫桥经验”大平安、大治理、大民生的诉求互为因果。因为新时代“枫桥经验”的这些诉求,都与中国人民过上更好生活、取得更大建设成绩、争取中华民族伟大复兴的重大命题息息相关。中国共产党是一个具有十足使命色彩的政党，其公开主张自己的初心和使命就是“为中国人民谋幸福，为中华民族谋复兴”，同时，带领中国实现繁荣富强，全面建成“富强、民主、文明、和谐、美丽”的社会主义现代化强国，是中国共产党对中国人民作出的庄严承诺，这也是其在革命战争取得决定性胜利之后，进一步取得执政合法性的根本所在。因此，一切符合这个伟大目标，回应这一伟大承诺的治理行为，都可以上升到政治高度。在“讲政治”的政治环境下，基层党组织参与治理的必然性，和行政机构服从与自己平级甚至低于自己层级的党组织的指挥和调度的自觉性，都具有了充足的合理性，这正是政治引领得以成为讨论其他一切治理技术性问题的最重要的前提和基础的根本原因与底层逻辑。

二、社会再组织：对非正式治理资源的充分激发

（一）非正式治理资源的概念及其参与基层治理的现状

基层治理处于国家治理的最前端，也是“国家—社会”二者的交汇地带，对推进国家治理体系和治理能力现代化具有重要意义。在基层这个层面，国家和社会之间的关系开始融合，不再有清晰明确的边界，并且不再是简单的二元对抗博弈关系。一定程度上，国家或政权正是在这个层级上融入社会和群众当

中去的，从而呈现出你中有我、我中有你的水乳交融关系。

对基层政权来说，长期处于一种高压体制下的权责失衡状态，“有限权力”和“无限责任”之间的矛盾让基层干部时刻紧绷着心弦，赋权、赋能落实不到位，负重状态长期存在。虽然以党建为引领的行政资源聚集在很大程度上帮助基层治理者修正了这些不足和矛盾，但很显然的是，社会治理工作不仅仅是行政权力的运用和整合，它考验着施政者系统调动各方资源的能力和水平，这些资源除行政资源外，还包括更加广阔的社会资源，或叫作非正式治理资源。

所谓非正式治理资源，其显然是与正式治理资源相对的概念。正式治理资源就是国家政权或政府可以向社会公众提供的诸如安全、发展、民生、就业、环保等公共必需品，是行政服务和管理的内容及形式。而非正式治理资源则包括了除行政资源之外的社会资源，诸如社会组织、关系网络、社会贤达和道德楷模这类的具象资源，以及传统的道德观念、社会风俗、时代共识等抽象资源。[①] 这些资源，深深地植根于中国传统文化和地域发展，是乡土中国的重要特征和表现形式。

进入社会主义新时代后，旧传统有了新的表现形式，再加上社会变迁引发的新观念，非正式治理资源也在发生着变化。过去，在旧的传统治理模式下，非正式资源没有被治理者有效纳入治理手段的范畴之内，并没有很好地挖掘此类资源的潜力和价值。虽然这种约定俗成和熟人网络，在任何社会、任何时代无时无刻不在发挥着重要作用。但过去的问题是，其并没有得到执政者的承认，甚至在一些特定情境下，官方对其看法是消极的，更甚者唯恐避之而不及。但随着治理形式的改变，传统正式治理资源难以简单满足多元社会的社会治理之需，基层治理者们开始意识到社会多元共治的重要性，并寻求非正式治理资源的助力作用。

在“枫桥经验”的发展沿革中，我们可以清晰地看出基层治理者对非正式治理资源的态度转变。在“枫桥经验”发展的第一阶段，即对“四类分子”改造的过程中，其使用的办法主要是政权行为，动用的手段绝大程度上是正式手

① 钟伟军、陶青青：《压力下的权威拓展：基层政府如何塑造非正式治理资源？——基于浙江省 W 镇“钟规依”的案例分析》，《公共管理学报》2021 年第 2 期，第 128 页。

段,非正式治理资源则相对处于边缘化的地位。在“枫桥经验”发展的第二阶段,要求将矛盾纠纷就地化解的压力,迫使治理者不得不把目光投入当地一些熟悉社情民意的能人身上,借助他们的力量做好群众工作和矛盾纠纷化解工作,此时的基层社会治理仍然是正式资源的投入为主要手段,但非正式资源已经开始进入到治理者的视线范围内,并将其有选择、有范围地加以运用。在新时代“枫桥经验”的实践中,由于此时基层社会治理的范围已经上升到“大民生”领域,功能上也开始追求从“小平安”到“大平安”的充实与扩展。很显然,在行政资源的投入很难以几何倍增加的情况下,社会治理领域几何倍增加的需求就难以被满足,治理者不得不更加借助社会力量和民间力量参与治理。于是,广泛发动群众力量参与社会治理成为重要的工作内容,专群结合的工作方式成为一种常态化治理手段,所谓“共建共治共享”的社会治理格局初步形成,这也意味着正式治理资源和非正式治理资源在基层社会治理中已经形成并重并行的状态。

(二)非正式治理资源的挖掘与激发

非正式治理资源的挖掘和激发,需要进一步强化基层党组织的核心地位,即进行权威效应的扩展。基层党组织的核心地位和权威彰显,需要通过高层授权和社会共识两个维度去达成。

1.高层授权:强化基层党组织的治理动能

如前一节所述,高层我们在上一节已经讨论过,对基层党组织的赋权在强化了其行政动员能力的同时,也同样加强了其社会号召力。社会是一个复杂的动态交互系统,各类资源在这个系统或生态中得以互洽和维系,并将各自的独特资源进行交换,这种资源既包括实际利益,也包括一定程度上的软实力,如基层党组织的影响力、号召力,就是软实力的一部分,是可以在社会生态系统内形成交换价值的。只有上级党政主体,不断放大和抬升基层党组织的价值和地位,使其影响力和号召力大大提升,使其价值达到能够成为交换标的物的程度,才能够让基层党组织一定程度上破除其在权力代理链条中先天性的权、能不足的短板,让社会各界正视、重视基层党组织的重要作用和核心地位。

2.社会共识:夯实权威的心理认同根基

基层党组织的权威是在社会取得共识的情况下在社会心理中得到巩固和确

认的。在党的十八大前，一些地方确实存在着基层党组织涣散的问题，党在基层的力量得不到强化、权威得不到承认，以此开展的社会治理工作成效自然不够显著。事实证明，党组织权威高的地方，其“枫桥经验”的实施效果就好；党组织权威弱的地方，其“枫桥经验”的实施就只能停留在喊口号、摆花架子的境地。党的十八大以后，从中央到地方，这一现象都在得到纠正，特别是基层党组织的战斗堡垒作用得到进一步发挥和巩固，敢于斗争、善于斗争、主动作为，一系列行动诸如扫黑除恶专项斗争、打击“村霸”等行动，有力扫除了干扰基层党组织权威扩展的重重障碍，彻底扭转了基层党组织空心化、悬浮化的问题。群众看到了党的权威在全社会自上而下的进一步巩固和提升，自然也让他们认可了基层党组织的权威性。也就是说，通过上级权力机关的硬赋权赋能，以及群众心理认可的软赋权赋能，共同完成了基层党组织，既包括街道、乡镇党委，也包括社区、乡党委的权威扩展。

有了权威拓展的基础，社会治理现代化和新时代“枫桥经验”的实施有了重要的政治前提。但这种权威拓展通过什么样的渠道呈现治理成效？除了对基层党组织权威性的承认，又有什么原因或动力让社会资源能够自觉服务于社会治理？这里就要看到我国基层社会比较特殊的土壤，那就是在基层层面上，国家和社会的界限是模糊的，其间存在着交融性的共同地带。在行政系统内部，政权通过“干群关系血浓于水”来强调这种模糊性，在行政系统外部的更广阔的基层社会场域，则呈现出你中有我、我中有你，甚至是你就是我、我就是你的高度融合共生状态。

这就是笔者在基层观察到的相较于一般认知显得特别而又普遍的现象，即治理主体和社会环境的深度互相嵌入。我中有你，你中有我，是指参与治理的人员，其既是基层治理的实施者，也是社会治理结果的受影响者。比如参加人民调解的调解员，他在一定程度上参与了社会治理，同时他又生活在同一片社区或乡村，其社会治理所产生的社会环境后果也对其日常的工作、生活产生影响和限制。你就是我，我就是你，更是一种理想状态，它暗含了社会治理人人有责、人人参与、人人共享的理想治理形态，一个人有双重身份，在兼顾自身主要社会角色的同时，也以各种形式积极参与到社会治理当中，共建共治共享美好家园。

（三）社会能人参与基层治理的优势

有了党组织权威的拓展，以及社会与治理主体的互嵌，才能够让传统的非正式治理资源得以顺利融入正式治理体系。这些非正式治理资源包括志愿者、调解员、资源捐助者、乡贤等，我们将其统称为社会能人。社会能人，是一个大而化之的概念，它是指基于地缘或血缘基础上，在一定范围内得到特定人群认可的一些拥有特别身份或特殊地位的人。一定程度上，可以把能人概括为能够给一地百姓带来发展机会或具有定分止争的公信力的特定人群，它暗含了群众对发展和稳定两个生活刚需品的期待。

发动能人参与治理，是世界各国都会运用的治理手段。在西方国家，能人通过地方选举进入地方政权体系内，具备了一定的组织动员和资源调配能力。在我国，地方选举仅开放到村、社区一级，更加具有基层治理能力的镇街党委、政府仍然是委派方式，社会能人不能够直接进入权力体系内部，成为发号施令者。因此，能人往往是通过软治理手段参与到社会治理当中去的。比如说，在调研新时代“枫桥经验”时，我们看到有各社会组织在社会能人的带领下，成为基层政权有力的治理帮手。

能人参与治理，发挥的是其示范效应和领导效应，依赖的是其自身的社会资源和经济资源。在社会能人的积极带领下，会有更多普通社会成员加入日常治理当中去，其更多表现为一种自我服务和自我管理。

在传统社会形态由于新的经济发展出现消解时，农村社会的空心化，城市社区成员的原子化，使得自治土壤发生改变，各类自治尝试变得更加困难。基层治理者就需要通过能人这一基层小社会的精英作为“牛鼻子”加入社会治理的组织当中来，将一定区域内的基层社会中有必要、有兴趣、有可能组织起来的力量组织起来，形成社会治理的强大合力。[①]

在基层社会治理实践中，主要存在着对群众在民生服务、法律服务、情感服务方面的供给，这些工作方向可以通过具体项目的形式，通过具体的能人参与，

---

① 姜亦炜：《政治影响力与制度生成——新乡贤组织的演生及其类型学》，《中国农村观察》2020 年第 3 期，第 72 页。

最终将游离于体制之外的有效治理力量吸纳到治理体系中来。在这里，需要通过三重机制来为社会力量参与社会治理提供通道。

首先，是能人层面，社会能人就是特定区域和人群内的社区精英，其具备各种特殊的社会资源和技能本领，广泛地分布在各行各业当中，比一般的普通民众拥有更广的见识、更专的技能、更高的声望、更多的人脉、更强的资源以及更加强烈的服务意识和担当意愿。这些能人在其特定地域和群体范围内，可以有效地影响到社会其他成员的行为和态度。发掘和挖掘基层的能人，实际上为这些具有服务社会意愿和能力的人提供了参与政治的渠道和出口，是对其声望和名誉的进一步提升，甚至可以说是一种重要背书，这种荣誉感、成就感是促使基层能人贡献自己资源的重要因素。

其次，基层能人是国家政治话语和政策措施进行“本土化”的有力翻译者、传播者和转换者。也就是说，任何国家政策的实施，都需要进行宣传和落实。如果宣传、落实这两方面的工作做不好，国家的政策就意味着在基层不能执行到位，就会出现异化和变形，好的政策初衷最后有可能取得事与愿违的效果。对基层政府来说，对国家政策的解读和执行，受到主客观条件的限制，需要有水平、有能力、有影响的人，采取更加通俗、更接地气的方式，参与到传播宣传当中，只有通过“适销对路”的宣传手段，形成广泛的社会共识，那么社会的政策执行才能够确保有了可供争取的群众基础，推广起来也能够更加得心应手，从而完成上级政府对基层政府的绩效要求。

最后，基层能人通过影响、组织、领导特定群体参与到基层社会治理当中去，比如“枫桥经验”实施过程中耳熟能详的“义务巡逻队”、各种行业的自治组织、法律服务志愿者、社区平安志愿者等，他们通过与能人的“委托—代理”关系，又再一次把国家政策的宣传、推广落到实处。甚至在一些特定领域内，这些参与者就是国家政策的最终落实者，是打通“最后一公里”的真正实践者。也就是说，通过纵向治理链条来看，基层社会能人带领的各类自治组织和志愿力量，其实无形中形成了对权力链条的接续，即在街道、乡镇这个层级上，国家公权力的治理链条已经到达末端，通过这种方式的接续，又进一步延伸到了社区、乡村及以下层面，如在各个微小的网格当中，进而形成了“五级权力科层—基层能人—自治组织”的新的治理链条，有效弥补了科层制的不足，从而使国家意志真正实现了对社会末梢的控制。

通过前文中所举出的大量实例，我们可以看到，基层社会的再组织或叫自组织，具有两个重要的特点。

其一，吸纳基层自治力量的主体是基层党组织。不管是对基层能人的挖掘、选择还是培养，也不管是对范围更广人群的吸收吸纳，都是以党组织的号召力和影响力为基础的。这些能人加入治理体系当中去，并不是真正的“官”，又要具有“官”的权属和权威，通过行政科层去授予这类的权威，这在中国并不现实。首先基层的行政科层自身就不具备这样的权威，同时，基层行政主体授予过多隐性力量会冲淡自身的权威色彩。在中国，人们有通过服务社会追求社会荣誉、道德威望、实现自我价值的传统，只有以党组织的名义，有党组织的背书，才能够使此类赋权更具社会意义和群众接受。

同时，基层治理的一系列自我服务和自我管理的举措，都是围绕着基层党组织的名义来开展的。不管是民事民议制度，还是各类平安志愿者团体，都具有浓厚的政治化色彩，他们借助能人构建的重新编织的社会新网络，为国家和社会之间的稳定和沟通建立了不可或缺的桥梁和纽带。

（四）提高基层自治能力与效能

政府行政权力过多介入基层自治权也是一个现实且颇为棘手的问题。追根溯源，不外乎法律界定不清、现行行政体制及其历史行政体制惯性、从政者的素养、老百姓对此问题的认识等诸多方面的原因造成的。从国家层面来讲，应该尽快完善相关立法，明确界定村与乡镇人民政府之间的权限。从政府自身来说，应顺应形势，加快职能转变，推动政府从传统的全能型模式向服务型模式转变。乡镇（街道）人民政府在作出任何一个行政行为时，应尽可能不以行政命令方式开展工作，而应多征求意见，然后施行，该管的管，不该管的放开交由社会机构或其他机关处理。从广大人民群众视角看，要树立一种观念：在村民自治下，每个村民应积极负责地参与到所有村、社区事务事项中去。

1. 建立新的民主议事机构

成立由村中德高望重、有奉献意识和组织能力的村民组成的乡村文明建设理事会负责组织发动宣传、征迁协调、基础设施及公益事业建设、财务管理和工程监督等工作。村民自治是改革开放过程中我国在最基层所推进的一次民主实践，其具体性和前瞻性对我国政治体制的发展具有深远的影响。自《中华人民共和国村民委员会组织法》颁布施行以来，我国村民自治在实践运行中既有好的一方面，但也存在许多不尽如人意的地方。

村民自治作为党和政府着力推进的基层民主实践，其有效运行的难题一直备受各方关注。在2018年开始的扫黑除恶专项斗争所做的基层调查中，村民总体上对当前村民自治运行的评价不高。具体表现在：村民对民主选举中的拉票、买票等行为表示反感；对村民自治中的民主决策和民主管理评价较低；对村民自治的民主监督环节，村民不仅认知不足，其在实践上也多有缺位。导致村民自治运行难题的原因是多方面的，但最为深层的原因在于，村民自治所处的外部框架及其在实践中的结构性失衡，难以应对急速变迁的乡村治理生态。

2.建立重大事项民主决策机制

制定新农村建设规划、项目建设、资金使用等重大决策时要召开由村民代表参加的决策会，在听取群众意见和建议的基础上实行民主决策，要大力培育发展农村社会组织。目前农民基层社会治理中的主体性意识薄弱问题与我国城市化过程中农民的流动性也有很大关系，这导致了农民在管理和组织上的困难，在实践中往往会形成农民对乡村“本土”意识的疏远使得他们不愿意在基层社会治理中发挥作用。这时就应该通过农村社会组织将他们组织起来，增加他们的归属感和主人翁精神，同时要加强对社会组织的监督管理，引导其合规合法建立运行。完善和发展农村经济合作组织，让农民在市场机制的作用下按照市场要求自己决定自己的经济行为，同时还可以通过市场机制的作用使他们认识到自己的政治决策过程可能对未来规则施加的影响和在其中应承担的义务，改变他们的传统思维方式，逐步增强其主体性意识。

3.建立健全基层党务政务公开机制

为了保证自治的制度化、规范化运转，有必要增强新农村建设各项工作的透明度。重要事项必须在规定的时间、按照规定的程序充分及时地对村民公开，保证广大农民群众的知情权。村民自治其本质即是简单的民主，多数人的民主，但单纯的民主自古以来就有可能演变为“多数人的暴政”，民主往往与法治相结合才能保证公平合理，只有在完善的法治体制约束监督下和相对较高的民主素养的民主实践才能实现民主的真正价值，在村民自治上一味强调自治而脱离法治的约束是行不通的。现实中当村民个体利益与大多数村民利益产生矛盾时（如外嫁女、离婚妇女、选民资格等情况），许多村民因利益驱动而无视法律规定和道德准则，采用血缘联系、利益许诺，甚至威逼利诱的方式，追求自身利益最大化，利用“少数服从多数”的简单民主表决，公然侵犯少数个体权益，“买票拉票”践踏民主。在现有法律救济途径、救济效率及老百姓认知程度等各种因素影响下，此类事件难以根绝。

（五）警惕基层软治理的行政化倾向

通过研究案例可以发现，这种对民间力量的动员和组织，完全是基层治理主体在有目的、有组织、有步骤的情况下开展起来的，也就是说，吸纳各类社会力量参与社会治理，是一种权力行为。而吸纳之后的管理和动员，同样存在着权力延伸和渗透的迹象。笔者将这一问题称为非正式治理或基层软治理的行政化倾向。

一是民间治理组织被纳入科层考察体系。以某地的行业调解协会为例，主管部门如基层司法所会统计其绩效，诸如调解数量、调解成功率、被调解人的满意度等问题，其绩效又会成为更高层级主管单位考察其所管部门即基层司法所的重要依据。同时，制定的考察规则和形式完全行政化，对工作不称职者还要进行批评甚至开除的处理，使得参与者无形中增加了很大的压力。如果被批评、被开除的情况一旦出现，就会反过来对参与者的道德威望产生致命性的破坏，因此大大削减了参与者积极性。一些参与者在聘期到期后就不再续聘，表面原因是工作忙、年龄大，实则是对行政化硬考核的不满。

二是管理上出现行政化倾向。除了对民间治理组织绩效的考核外，在其日常的运转中也出现了行政化管理的趋势。我们知道，任何一个组织得以运转都必须有相对应的规则规范，所谓国有国法、家有家规。即使是没有那么严密、稍显松散的社会组织，也需要针对具体情况制定管理办法，毕竟没有规矩不成方圆。但问题是，各地的自治组织的规范开始向行政机关看齐，动辄上班打卡，手机拍照，全程留痕，无疑加大了志愿者们的参与负担，打击了他们的参与热情。

很多志愿者前来参加治理，是想把具体的事情办好，把自身的优势发挥好。然而，当他们真正进入组织后，却发现相比起面对服务对象，自己面对更多的却是与行政机关类似的文山会海、形式主义和官僚作风。某行业调解协会的民间调解员告诉笔者，自己在相关领域的调解工作驾轻就熟，调解一个案例，顺利的话有可能十分钟就解决问题了。但问题解决后，按照要求，他需要填写资料、登记台账、上报管理部门、做好卷宗归档，一套流程走下来，付出的时间和精力是调解本身的数倍。“能不能把更多的精力放在调解矛盾的正地方？”这是很多参与基层治理的民间治理者的共同疑问。可见，管理上的行政化已经大大侵蚀了民众的参与热情。

三是日常工作被行政任务渗透。很多基层民间治理组织，已经在一定程度上承担起了行政任务的职责。很多时候，上级主管部门由于责任重、压力大，人员有限，会寻求对指导的民间组织借人手、借力量、借资源，后者不得不担负起原本不属于自己需要承担的工作内容。在初始阶段，一些工作布置下去，治理参与的民间力量会认为这是对自己的一种信任，会比较自觉地完成所交办的任务。主管部门在尝到甜头后，会把越来越多的任务交办下去，比如数据录入、组织办会、法治宣传、文字工作等，时间一长，再加上随着组织的行政化倾向日益严重，这些任务都会成为硬性指标，变为严重的负担和压力。

通过对以上现象的观察，我们发现，目前在基层社会治理领域，一些民间治理组织已经在一定程度上被收编为正式治理主体的附属机构，开始在一定范围内承担起行政任务。这种行政化倾向需要得到高度的重视，由于其实践的时间不长，本书无意对其效果的好坏过早地作出价值判断，但它一定是一个亟待观察和研究的现象。因为，对正式治理来说，非正式治理具有灵活、机动、熟悉情况、符合习俗、易于接受的优势，其更容易在基层这个社会治理的层级和场域，与前者形成合力，产生齐头并进、互为补充的良好互动关系，这对推进社会治理现代化具有重要价值。

从短期成效上来看，非正式资源的行政化，会带来便于管理、易于指挥的优点，基层行政单位运用该手段可实现精准施策、有的放矢，有效破解民间机构组织涣散、纪律懒散的问题，使其真正成为正式治理者的左膀右臂，成为基层社会治理的生力军，大大提升了治理的效力。然而，随着行政化的持续推进，正式治理和非正式治理双方之间的默契必然会被逐渐打破，软治理开始硬化，软治理带来的治理优势则将不复存在。当这种局面最终形成的时候，“国家—社会”模型中，难能可贵的模糊地带和在基层社会的交融状态会被严重破坏，必然会引起软治理资源原先具备的社会关系、社会资源、社会规范发生进一步调整。缓冲地带的消失，会将基层正式治理的治理主体重新推到矛盾处置的最前线，从而动摇好不容易积累的多元共治的治理基础，让治理者付出得不偿失的高昂代价。

三、自治、法治、德治融合，实现基层治理规则的再整合

随着正式和非正式治理资源的整合，各类治理主体和资源背后所支撑或涵养的行为规范、文化取向、价值追求，也必然在基层治理这个层级中得到整合。这些文化价值内容，最终可以梳理归纳为法律规制和德道规范两大类型，在当今社会治理实践当中，两者相辅相成、互为补充，构成治理文明的核心内容，我们称之为法治和德治的融合。

党中央提出，社会治理要注重自治、法治、德治“三治融合”，这是从治理形态和方式出发而提出的。而从治理理念上看，自治的价值遵循符合传统和当代社会道德要求，同时其开展条件需要遵守法律规范，因此，我们将在治理理念的层面上主要谈自治、法治、德治的融合。

（一）中华治理史上具有自治传统，但其功能和内涵与今日的“自治”迥异

在分析中国传统基层自治这个问题时，不论是普通民众，还是一些研究学者，都会提及“皇权不下乡”这一概念。事实上，如果从实体政治组织而言，这一说法的正确性是毋庸置疑的。但仅此就认为国家意志无法渗透到社会基层，或者在封建社会国家权力无法对基层进行有效控管，则存在着一定的问题，甚至是一种认知上的偏差。

在传统中国社会，乡绅领导下的基层自治的确存在。有时候，这种自治掩盖了“皇权也可以下乡”的真相。否则，如果这种理想的自治状态真正存在，

那么人类国家基层治理的乌托邦和理想国岂不是已在2000年前的中国社会就已经诞生了?

真正的事实是，中央政府强化对基层管控的意志从来都没有减弱过，只要是国家具备相应的能力，其权力延伸的尝试就会不断进行。事实上，国家权力通过乡贤、士绅、里长等基层精英，实现了基层管理，维护了统治基础。

这种控制主要通过三个层面进行。一是严格的户籍制度。在农业社会，底数清、情况明的户籍制度是国家进行一切徭役和赋税的基础，因此必须加强对户籍制基础上人口的管理，包括人员的增补和流动都是严格造册和限制的。二是在此基础上的赋税徭役制度，作为国家财政收入的基础，与严格户籍制度息息相关。三是代理人制度，有学者称为乡里制度，类似于当前治理中的网格概念，是国家治理体系链条的最末端环节，其代理人为里长，里长并非国家承认的办差的差人，而是通过基层精英代理。①

我国自治的传统发展至今，其基因一直延续到当今社会，但其功能和内涵已经发生了根本变化。

过去在小农经济社会，里长被政府所委任，得到官方背书，在政治端上成为维持基层社会秩序的核心，同时也获得了一定的社会资源。但是，基层精英也要为基层社区提供公共服务，如对灾民的救济，对祖祠、道路等公共产品的修缮等。这都是最低限度的公共服务，因为小农经济条件下，社会的基层需求是如何能够共同抵御天灾、防范匪祸，其公共服务的需求只是局限于生存需求和对生存需求相关的祭祀活动上。

在当今社会，自治的内涵发生了深刻的变化。过去，基层治理主要依靠维护封建礼教的皇权代理人，他们对熟人社会实行强管理、弱服务的模式，基层治理者就是上层政权的代理人，如今，转变为以中国共产党为核心领导的，通过基层道德楷模的选树对熟人社会、半熟人社会、陌生人社会的社会形态的强服务、弱管理，自治参与者不是上层政权的代理人，而是基层治理主体的得力帮手。其功能也在发生改变，古代社会的基层自治，主要是为了维护封建礼教，

---

① 吴晓林、岳庆磊:《皇权如何下县：中国社区治理的"古代样本"》,《学术界》2020年第10期，第120页。

抵御自然灾害和外来侵犯，组织生产、自救、自卫等活动，而当前的自治功能显然已经更加丰富多元，其目的是满足人民群众在发展、安全、精神生活方面日益升级的需求。

在当下，自治是基层社会治理的源头部分、活力来源。自治主要解决基层社会治理的权力主体、权力分配和权力结构问题，基本思路是鼓励在基层社会治理中群众能办的事交给群众自己办，把能够通过市场办好的事交给市场来办，社会组织能办的事交给社会组织去办，从而逐步构建起人人有责、人人尽责、人人享有的基层社会治理命运共同体。

在“枫桥经验”的实践中，坚持健全和创新村（社区）党组织领导的充满活力的村（居）民自治机制，通过构建“多元参与、协商共治”城乡社区参与式自治，引导基层组织和群众有序参与社会事务，推动从“为民做主”到“由民做主”。通过“自治”维护民利，经常性召开自治会议，广泛汇集民意，达成征迁方案，实现了村民、村集体、地方政府三方共赢的局面。通过“自治”凝聚共识，遇到有重大事项，从镇到村、村小组、楼道逐级召开座谈会，党员干部群众一起讨论、寻找共同语言，最终形成了共识。

加强村级自治组织建设，打击贿选，配强村干部队伍，着力提高自我教育、自我管理、自我服务和民主选举、民主协商、民主决策、民主管理、民主监督的能力。

健全基层协商民主机制。通过村民、居民议事会，民情恳谈日等形式，开展灵活多样的协商民主活动，涌现出以各类民主决策机制等为代表的一批基层民主自治实践典范，加快实现民事民议、民事民办、民事民管。

激发各类社会组织活力。建立健全社会组织服务和管理机制，培育大量社会组织，并引导其积极参与公共服务、治安维护、矛盾化解、慈善救助等活动。

通过推进和规范自治的实践，浙江省将基层社会治理的权力更多地交给广大群众，做到群众的事让群众明白，享有知情权；群众自己的事自己干，享有参与权；群众自己的事自己定，享有决策权。有效激发了群众参与基层社会治理的热情与活力，培养了人民群众主人翁意识，也让很多风险隐患在民事民议、民事民办、民事民管中消解。

（二）法治在当代中国治理实践中的新发展

在我国的治理传统中，“法家”思想是一派不容忽视的政治哲学主张。所谓法治，是指严格地按照社会礼法调配社会事务，而不是狭义上法律意义的法制。古代的法治思想，最终还是为少数统治阶级或者为君主服务的，是人治的一种治理手段而已。这一现象，不光是在中国，在西方国家也是如此。

但我国的民本主义治理传统有效改造了严苛峻法的倾向，即使是最主张律法严肃和严苛程度的法家，其在主张用严厉的刑罚而不是温和的仁政手段作为社会治理的主流思想，也没有完全排除通过德治的思想去调和厉行法治导致的国家与社会的剑拔弩张。

中华人民共和国成立以后，我国对依法治国、建设法治国家的认识，也经历了几个阶段的发展。中华人民共和国成立初期，领导阶层非常尊重法律传统，并初步建立了社会主义法律体系，为我国社会从新民主主义革命时期向社会主义建设时期的平稳过渡起到了重要作用；在“文革”时期，法治思想被抛弃，公检法被砸烂，法治进程受到很大的破坏；改革开放后，党中央拨乱反正，重新确立法律在社会主义市场经济中的重要地位，再次提出了“有法可依、有法必依”的主张，法治建设逐渐恢复，这个时候的法治还主要停留在法制阶段，即以法律去规制社会关系，用法条去定分止争，虽然这是狭义上的法制，存在着一定的局限性，但已经可以看到，法律在治理者认识中的重要作用和价值得到了显著的提升；党的十八大以后，随着党和国家对法治在社会治理中的核心地位的认识不断清晰和提升，依法治国成为全党全社会的共识。此时的法治，则已经成为一个广义的概念，不仅包括成文的法律条文，也包括全社会对法治精神的尊重，对党、社会组织、社会运行必须制度化的认同，以及对人治的摒弃。

对基层治理来说，法治为本，是基层社会治理的“规矩方圆”。法治具有保障运行的根本作用，强调实现基层社会治理的法律依据和解决基层社会治理问题的法治方式，鼓励运用法治思维为基层社会治理设计方向思路、构筑底线规则、实现定分止争，与自治相结合，为基层社会治理实践创造办事依法、遇事找法、解决问题用法、化解矛盾靠法的良好氛围。

村规民约、社区公约是村（居）民群众共同参与城乡基层社会治理的制度化载体，是依据党和国家政策、法律和法规，结合本村（社区）实际，为维护本村（社区）的生产生活秩序、道德习俗和文化精神建设等制定的约束规范村（居）民行为的一种规章制度。村规民约、社区公约的功能，简言之，就是“有法依法，无法依规”。村规民约、社区公约是用来填补法律空白，或者在不违反法律强制性规定的前提下，以村（居）民共同认定的“公约”形式来规范约束村（居）民行为的自治规范依据。从2015年开始，浙江省坚持和发展“枫桥经验”，率全国之先，在全省范围全面组织开展了制定签订和实施村规民约、社区公约活动，全省3.27万个村（社区）全部完成制定修订任务。实践证明，在那些村规民约、社区公约制定得好的并且执行到位、运行良好的村（社），村（居）民自治程度就高，群众参与度就高，村级集体经济和社会事业就发展得好，人民群众的幸福感满意度也随之水涨船高。而一些村集体经济落后、民主管理混乱、社会治安较差、村级公共事业难办，普遍与没有村（居）民共同认同和遵守的村规民约、社区公约直接相关。许多地方通过村规民约、社区公约，婚姻家庭邻里纠纷少了，邻里关系更加和谐融洽了，一大批公共安全隐患得到有效整改，有力促进了基层平安和谐。有的地方紧紧围绕党委、政府中心工作，把“五水共治”“三改一拆”等重点工作的相关内容和要求写入村规民约、社区公约，争取广大群众的内心认同，彻底改变了村、社区脏乱差的面貌，形成共建美丽家园共创美好生活的喜人局面。比如，枫桥镇《陈家村村规民约》融合了法律法规、民间习惯以及公序良俗，十年来得到村民的高度认同和遵守，规范了村民自治、淳化了当地民风，成为乡村治理中的重要制度样本。龙游县贺田村的《村规民约》对垃圾源头分类、定时定点投放作出明确规定，如有人违反，就会罚他送给每家每户一斤猪肉、十斤馒头。宁波市镇海区十七房村为保护河道清洁，在环村河岸边设立一块“禁碑”，上面刻着在河边禁放牛羊、禁止堆积杂物、不准投放污物等约定，如有人违反，也要罚分馒头。因为有这样的“猪肉令”“馒头令”存在，在贺田村、十七房村，条条河流溪流都常年保持整洁的面貌。[①] 实践证明，通过推行村规民约、社区公约约束村（居）民行为、保障群众利益、解决实际问题，对维护基层社会和谐稳定、促进社会文明和生态文明具有重要的现实意义。

在浙江，历来重视基层民主法治建设。截至2019年年底，浙江全省已经建

① 案例细节均来自实地调研。

成县级及以上民主法治村（社区）共计27059个，覆盖率达到90%以上，其中包含国家级民主法治示范村(社区)152个,省级民主法治示范村(社区)1643个。[①]通过民主法治村（社区）建设工作，以民主选举、民主协商、民主决策、民主管理、民主监督和党务公开、村务公开、财务公开等为主要内容的“五民主三公开”制度逐渐深入人心，村（社区）重大决策、重要合同“法律把关”工作有序推进,村（居）民生产、生活法律服务日趋多元,基层矛盾纠纷化解、村（居）民权益保障渐入法治轨道，干部群众法律意识明显增强，尊法学法守法用法氛围日渐浓厚。调研发现,浙江省民主法治村（社区）创建工作还体现出如下特点：

一是创建格局不断优化。“民主法治村（社区）”建设工作是平安浙江、法治浙江建设的重要内容，同时民主法治村（社区）创建工作还被纳入了地方和部门社会治安综合治理考评责任制和经济社会发展综合评价体系，有效激发了各地的创建积极性，有力提升了民主法治村（社区）建设工作规范化水平。

二是工作基础不断夯实。坚持“一村（社区）一项目”，大力推进法治戏剧、法治校园、法治广场、法治礼堂、法治公园、法治长廊等法治文化阵地建设，形成了一大批特色鲜明的法治文化精品村（社区）。充分发挥现代传播手段的作用，截至2018年底，全省共建成村（社区）“e法律服务微信群”19419个，覆盖26324个村（社区），及时向村（居）民提供法律服务、宣传法律知识。在基层综治平台建设中，优化村（社区）人民调解中心站点建设，充实人民调解员队伍力量，设立村（社区）公共法律服务点，建成村（社区）公共法律服务点35386个，占村（社区）总数的96%。台州市黄岩区实施民主法治村建设“三年行动”计划，将法治元素融入村（居）基础设施建设，有效落实“五民主三公开”制度，全面推广村务联席会议制度。全区已建成全国级“民主法治村”2家、省级15家、市级82家，区级“民主法治村（社区）”覆盖率达90%以上。[②]

三是法治宣传活动丰富多彩。各地组织开展了内容丰富、形式多样的法治宣传和法治实践活动，受到人民群众的广泛好评。结合村（社区）实际，以宪法、与党委政府中心工作相关的法律法规，以及土地承包、环境保护、婚姻家庭等

---

① 劳泓：《不断开创法治乡村建设新局面 为乡村振兴提供坚实法治保障》，中华人民共和国司法部官网：http://www.moj.gov.cn。

② 数据和资料由浙江省司法厅提供。

与群众生产生活密切相关的法律法规为重点，通过“宪法宣讲浙江行”“两学一做”学习教育、法治培训、法治文艺巡演等活动，借助农村党员干部远程教育服务平台、微信群“之江法云”、村（社区）公共法律服务点、法治文化阵地等载体，通过村（社区）人民调解、刑释解矫人员安置帮教、社区服刑人员监管教育等工作，有效提高了村（社区）基层干部和村民群众的民主法治意识和能力，为民主法治村（社区）创建工作提供了思想和能力保障，推动创建工作不断深化。

（三）德治是中华政治体系最显著特征

中国五千年文明发展史上，德治思想历来受到统治阶级的高度重视，以德治国、以礼治民，成为中华政治文明史上最突出的特点。

在治理传统中，德治既是规范群众日常行为的标尺，也是制约官员权力运用的依据。这里的德治，是一个广义的概念，既包括社会传统道德风范和礼仪习俗的传承，也包括近似于“礼法”的具有一定约束力和强制性的社会价值规范。[①]

在传统中国，有许多优秀的社会治理思想与智慧，孟子曾经说道：“出入相友，守望相助，疾病相扶持，则百姓亲睦。”[②]这是最早提出在社会治理过程中构筑命运共同体的思想。国家治理体系和治理能力现代化最终要体现在城乡居民在社会生活中的安全感、幸福感和获得感上来、最终要落实到乡村、社区的基层社会治理的水平上来。改革开放40年，在农村人民公社体制终结后，构成了乡镇一级隶属管理、村社一级自治管理的新体制，但是农村剩余劳动力的转移，基本上是以乡村青壮年劳力和乡村精英为主要内容的。这就直接导致了农村人口空心化、老龄化、低学历化、流动化和社会组织空心化、碎片化的特点，而且缺乏传统乡绅权威的支撑，也必会影响到乡镇一级政治能力的底层体现。与此同时，在城市各种资源要素快速流动和人口流动多向化、无序化，也带来城市居民社区内部人员之间的陌生化，有效的社会组织和社会动员更加难以实现。

德治为先，是基层社会治理的“文化底蕴”。德治具有引领教化的功能，强

---

① 俞可平：《礼法合治与中国人的行为方式——制度与习惯的中国式解读》，《中国政治评论》2021年第1期，第3页。

② 《孟子·滕文公上》。

调在基层社会治理中既要“治事治物”也要“治人治心”，更要“治源治本”，着眼于提升城乡居民道德素养，厚植基层社会治理的文化根基和道德元素，促进社会秩序健康发展。

以德育人是中华传统文化的优良传统，德治既可以治难、治乱，可以治心、治本，在基层社会治理的实践中具有基础作用、引领作用。在浙江省创新发展“枫桥经验”、探索“三治融合”的基层社会治理格局中，德治体现为中华优秀传统文化与社会主义核心价值观的高度融合，通过弘扬乡贤文化、邻里文化、家风文化，不仅提升了村（社区）人民的道德文化修养，而且把基层社会治理建立在了较为深厚的道德基础之上。

1.注重发挥乡贤文化的独特优势

传统是一种文明传承的方式，是一个民族延续的整体生活方式，是那些作为生活准则或行为规范的继承与发扬，需要信仰与权威的力量。随着基层民主制度的建立，国家行政力量逐渐退出乡村社区这个最基本的社会治理单元。但是，基层权力虚化、权威缺失的问题逐步导致社会失序、道德失范。在村委会选举中不断出现的贿选和腐败现象，甚至在基层社会中出现的黑恶势力更是导致社会生态恶化。同时，农村税费改革后，乡镇（街道）财政状况不佳，村“两委”动员组织群众参加集体活动的能力下降，城乡基层公共服务资源不足，导致产生了基层社会的治理危机。在这种背景下，从传统中华文明中寻找先进的治理文化理念，寻找基层社会治理的新乡贤，树立基层社会的文化道德权威成为社会共识。2015 年，指导农村发展的中央一号文件指出：“创新乡贤文化，弘扬善行义举，以乡情乡愁为纽带吸引和凝聚各方人士支持家乡建设，传承乡村文明”[①]。《中华人民共和国国民经济和社会发展第十三个五年规划纲要》也提出要“培育文明乡风、优良家风和新乡贤文化”[②]。

一是促进乡（社）风文明建设。乡贤是中国传统社会形态的产物。今天，我们可以把通过教育、进城务工等途径从乡村走入城市的农村精英人才返乡创

---

① 《中共中央国务院关于加大改革创新力度加快农业现代化建设的若干意见》，中华人民共和国中央人民政府官网 :http://www.gov.cn.

② 《中华人民共和国国民经济和社会发展第十三个五年规划纲要》，新华网：http://www.xinhuanet.com。

业或返乡从事社会公益事业的情况，叫作新时代的乡贤现象。这些人和乡村留下来、数量不多的文化精英、道德模范一起，通过言传身教影响民风民俗，与村民一起参与新农村建设和乡村社会治理，成为“美丽乡村建设”的重要力量。例如，截至 2018 年 9 月底，浙江省绍兴市上虞区乡贤研究会累计收集整理上虞乡贤 3000 余名，撰写各类文史资料 1000 余篇，出版《上虞乡贤文化》8 辑，编撰个人研究专著 30 余本，总结提炼了以德治国的虞舜精神："东山再起”的谢安精神，投江寻父的孝女精神，清廉无私的孟尝精神，与时俱进的春晖精神，“当代武训”的张杰精神等。这些精神滋润着上虞，成为凝聚人心的力量，极大地丰富和推动了本土文化发展。2015 年 5 月，中宣部在上虞区召开创新发展乡贤文化现场交流会予以推广。又如浦江县的郑义门，史称“廉俭孝义第一家”。郑宅镇东明村是郑义门现代后裔子孙聚居的村落，挖掘和运用“江南第一家”浦江县郑宅镇郑氏义门家规家训中的积极元素，弘扬中华优秀传统文化，继承并发扬遵守规矩、谨守本分、诚实守信、忠国爱家、推己及人、行为适宜、明辨是非、温和友善等传统美德，正民心、树新风，维护乡村德治秩序。[①]2015 年 5 月，中纪委网站“中国传统中的家规”专栏首期推荐郑氏 168 条家规。而取材于郑义门的动画片《郑义门》在中央电视台播出后引发收视热潮与热烈反响。

二是参与乡村（社区）社会公共事务管理。在明确村党支部的领导权力、村民代表大会的主体权力和村委会的执行权力的前提下，在村（社区）建立乡贤理事会等机构，增加乡贤组织的参事议事权利，进一步完善基层民主自治，提高村党组织的领导水平。坚持在村（社区）委会领导下开展乡贤组织活动，既能有力确保乡贤组织的政治方向，又能有效推动城乡社区协商工作。实践证明，乡贤组织可以有效组织引导体制外社会治理资源参与基层社会治理活动，已经成为城乡居民参与公共事务、开展公益活动、加强民主协商、提高基层社会治理效能的自治组织。许多乡贤致富不忘家乡，捐款捐物兴办公益事业，扶贫济困，为家乡做好事、办实事、行善事，在深受乡民称颂的同时，往往成为一个地方公共事务的“带头人”，可以一呼百应，已成为乡村公共事务的管理者、组织者和参与者。

① 资料由实地调研所得，浙江省绍兴市上虞区乡贤研究会的成果统计数据由乡贤研究会提供。

三是助推农村经济发展。乡村要繁荣，离不开城市的反哺。资本、信息、人才、市场是乡村振兴中最缺乏的资源要素，而新时代的乡贤恰恰拥有这样的优势，他们回来了，就意味着这些“要素”回到了乡村。乡贤组织已经成为许多地方凝聚社会各方力量，吸引城市社会资源反哺农村的重要推动力量。乡贤回归创业不仅是资本的现实回归，也饱含着乡情召唤下的理性行动，已成为一些地方经济转型发展最为活跃的力量之一。比如，金华市金东区定期召开“叙乡情、看变化、寻商机”乡贤座谈会，区级每年召开一次乡贤大会，分乡镇（街道）每年召开一次恳谈会，分村（社区）召开一次茶话会，村（社区）乡贤理事会每月组织一次乡贤活动，激发了一批乡贤参与家乡建设的热情。2017年，金东区乡贤签约项目共11个，总投资达到47.75亿元。①

四是协调化解矛盾纠纷。中国的乡村社会，熟人社会的特征仍然比较明显。乡贤大都在本地有一定声望和能力，在协调矛盾纠纷、处理邻里关系、缓和利益冲突等方面具有独特的优势。乡贤可以发挥亲情、乡情、友情和自身的威望声誉等“非权力影响力”的作用，弥合社会分歧、化解矛盾纠纷，使乡村治理更加人性化、低成本化。绍兴市上虞区依托“全国乡贤文化之乡”特有的“乡贤文化”“孝德文化”的人文底蕴，创新实践“乡贤治理·乡警回归”工作，利用乡贤受人尊敬、情况熟悉等优势，打好感情、亲情和乡情牌，推进矛盾纠纷化解。2017年以来，共化解各类矛盾纠纷4100余起。德清县激活乡贤资源，在“德高望重本土精英”“功成名就外出精英”“投资创业外来精英”三类精英中择优产生乡贤参事会会员，助推乡村治理。② 在乡贤正能量的带动和激发下，各村相继建立法治村干部、新居民“自我管理三步法”、“老娘舅”平安工作队、先锋党员金牌调解、社会工作室等乡贤组织，在化解基层矛盾纠纷中发挥了重要作用。

2. 注重发挥农村文化礼堂的主阵地作用

一是丰富乡村群众精神文化生活。由于缺少资源和场所，近年来农村文化生活逐步边缘化、虚无化，由此带来农村社会远离现代文明、精神世界空虚的现实困境。建设农村文化礼堂，把社会主义核心价值观和乡土乡风结合起来，

① 资料和数据由实地调研所得。

② 资料和数据由实地调研所得。

让农民在生产生活之余的时间有健康向上的文化娱乐活动，有助于基层社会治理的和谐稳定。2013 年开始，浙江省将农村文化礼堂作为文化阵地建设的重中之重，列为省政府每年十项实事工程之一。2018 年，浙江全省以施行《浙江省公共文化服务保障条例》为契机，制定《浙江省农村文化礼堂建设实施纲要（2018—2022 年）》，进一步加大农村文化礼堂建设力度，全面部署新增农村文化礼堂 3000 个的建设任务，达到过去每年新增 1000 个目标的 3 倍。农村文化礼堂集教学性、礼仪性、娱乐性于一体，已经成为当地标志性景观和最重要的公共空间，成为农村精神文明建设的“助推器”和村民的精神家园。① 例如，海宁市盐官镇桃园村自 2013 年建设农村文化礼堂以来，围绕“文化地标、精神家园”主题，建成了“两堂一廊一展厅、一园一台一阁”的格局，并通过推行“每人一把礼堂钥匙”，把体育活动场所交由村民自主管理，把“舞台”交由村民尽情发挥，把“健康”交由村民无限传递。正是这样人手一把钥匙的模式，切实将文化礼堂打造成多位一体的村级公共文化服务综合体。②

二是传承中华优秀传统文化。家史馆、村史馆是新建农村文化礼堂的重要组成部分。村史馆记录了一个村庄变迁的微观历史，积淀陈列着先辈们的苦难辉煌，馆中收藏的大量展品大多由村民提供，带有各自家族最真实的印记，是生产生活最好的纪念。有的地方还建村史廊、民风廊、励志廊、成就廊，是可以让村民直接走入身边的历史。除了直观的实物、图片、文字外，各个文化礼堂还进一步编撰村史、村谱、人物传，为人们提供更为丰富的历史文化内涵。还有的地方把村庄的历史写成村歌，代代传唱。浙江衢州大陈村在文化礼堂开展“全民唱村歌”活动，男女老少齐上阵，大家齐把村歌唱，村歌被制作成 MV（音乐短片）作为国礼赠送给参加 G20 杭州峰会的外国元首与嘉宾。

三是搭建乡村和谐相处的空间。“远亲不如近邻”，农村文化大礼堂通过村民们集中创作、自由创作的过程，提供了一个交流生活感悟、协商村情村务、增进邻里感情的场所。村民通过这样的文化活动，确立了自己是村庄的一部分，是村庄文化的传承者和发扬者，其中不仅有对亲人的思念，更有对家乡的热忱。

---

① 《2018 年浙江省农村文化礼堂建设工作要点》，浙江礼堂文化网站：http://www.zjwhlt.cn。

② 资料由实地调研所得。

农村文化礼堂的建设和各类文化活动的举办，促进村民之间相互了解相互信任，加强了村民之间交流沟通，有利于形成社会和谐稳定的文化基础。自治为基、德法相辅的“三治融合”治理格局既是对华夏文明的继承与发扬，也是中国基层社会治理现代化的必由之路。正如习近平总书记所言：“要坚持古为今用、以古鉴今，坚持有鉴别的对待、有扬弃的继承，而不能搞厚古薄今，以古非今，努力实现传统文化的创造性转化、创新性发展，使之与现实文化相融相通，共同服务以文化人的时代任务。”①

四是开辟“互联网＋文化”“互联网＋文艺”的网上文化建设新路径。在党的十九大报告中，习近平总书记指出加强互联网内容建设，建立网络综合治理体系，营造清朗的网络空间。浙江金华、丽水等地把文化大礼堂建到网上，在乡村网页、邻里网群开辟乡村文化栏目，宣传法治文化内容，实现了文化的全时空传播。

中国自古以来就有着刑主德辅的治理思想和治理实践。在社会结构发生巨大变化、社会治理空间要素日趋复杂的今天，以自治调动治理主体的积极性、以法治确定治理规则、以德治保障治理效果，形成“三治融合”的基层社会治理新格局，成为中国特色社会治理的基础性内容。

（四）“三治融合”是对基层治理规则的再整合

在我国传统治理史上，法治与德治的争论和融合，是一直以来摆在统治者和士大夫面前的重要议题。

在春秋战国以前，法治和德治处于分离状态，法是法，德是德，有时我们把德称为礼，是国家尊重的最高价值规范和标准。法治和德治，存在着争论状态，并在不同的诸侯国实施，并没有统一和融合倾向。

从东汉开始，“罢黜百家，独尊儒术”，以儒家礼教为基础的德治思想得到国家统治阶级的推崇，但这并不意味着法治思想的全面溃败。事实上，封建社会的中国社会也不是一成不变的，也是在缓慢地发展，随着国家治理事务的增多，德治的强制性、约束性差的缺点日益明显，法治或狭义上的法制，一样被引入

① 《习近平谈治国理政》（第二卷），外文出版社 2017 年版，第 313 页。

国家治理规范体系内。东汉至清末2000年的中华文明史，也是法治和德治不断融合的历史，这种融合，是由德入法的融合，德治为主，并且德治在影响和改造着法治。在2000多年的实践中，基层治理的自治形态在统治者代理委托乡贤精英的前提下，也根据法治和德治思想的调和稳定地运转着。

清朝末期，西方势力的入侵打破了中国统治者“老大国”的幻觉，同时也让国家失去了对传统治理理念和规范的信心。政治精英开始效仿西方制度，以图富国强兵，一度上，他们制定了宪法和各类法律条款，但是因为对法治精神的理解以及在全社会的共识上都存在着严重异化，其效果并不理想。

中华人民共和国成立以后，除了特殊的历史时期，法治和德治的融合又重新回到国家治理的主基调上。改革开放后，法和德的融合更加得到重视，而基层社会治理的空间随着公权力适当地让位也被逐渐打开，自治开始借由法治和德治思想的融合而逐渐展现出越来越强的治理活力。

在“枫桥经验”的实践中，“三治融合”结合传统与现代的治理智慧，发挥了积极的治理效果。“三治融合”是指在基层社会治理中，充分发挥自治、法治、德治的治理作用，把自治、法治、德治的治理理念深度融合在基层社会治理之中。

依靠自治实现村社居民之间、政府与社会之间的协作互动，依靠法治实现基层矛盾冲突的定分止争，依靠德治构建形成社区邻里守望相助、和谐平等相处的文化，最终达到共建共治共享的基层社会治理善治格局。

“三治融合”源自桐乡市高桥镇基层干部群众的探索创新。2013年5月，高桥镇坚持和发展“枫桥经验”，组建了3支根植于民间的团队：百姓参政团、道德评判团、百事服务团。通过边试点、边实践、边完善，逐步形成了一套群众参与村级事务民主决策、居民参与基层社会治理的常态机制，形成了基层社会治理“大事一起干，好坏大家判，事事有人管”的良好氛围，初步实现了基层社会治理从个体利益需求导向向社会群体共同利益导向转变，从政府单向自上而下管理向政府主导、社会多元主体协商共治转变，有效预防和减少了社会矛盾。①

浙江省委高度重视、及时总结提炼基层治理做法，加大在全省全面推广“三治融合”基层社会治理体系的力度。2013年11月，中共浙江省委十三届四次全

① 资料由实地调研所得。

会正式对推进基层“三治”建设作出部署。2014年初，中共浙江省委政法委将健全“三治融合”基层社会治理工作机制列为全省创新社会治理六大机制之一，纳入平安浙江考核。2014年以来的历次中共浙江省委建设平安浙江工作会议和省委政法工作会议,都对总结推广“三治融合”体系作出部署提出要求。2015年，在浙江全省3万多个行政村、社区新一轮的村规民约、社区公约修订中，把坚持自治、法治、德治相结合作为共同条款。2015年6月，省委在桐乡市召开全省创新基层社会治理现场会，重点部署“三治融合”基层社会治理体系的推广工作，通过“三治融合”，较好地回答了基层社会治理“谁来治”“怎么治”“治什么”的问题，“治”出了社会活力，“治”出了和谐有序。2017年10月，“健全自治、法治、德治相结合的乡村治理体系”被写入了党的十九大报告，成为实施乡村振兴战略的重要保障。①

2017年12月，中央政治局委员、中央政法委书记郭声琨在诸暨调研时强调，自治、法治、德治相结合，是新时代“枫桥经验”的新发展、新举措、新任务，要坚持好、发展好，以期取得更多实践成果。2018年1月，中央政法工作会议明确指出，自治、法治、德治相结合的基层社会治理探索，是新时代基层社会治理创新的发展方向。

（五）“三治融合”在新时代基层治理实践中的新含义

对政治的考察，必须不能脱离传统和历史。历史上的“三治”和今天的“三治”有着本质的区别，但同样后者来源于前者，脱胎于前者。经过对制度和传统的考察，可为我国的社会治理现代化提供一些思路。

第一，通过传统和习惯的角度，更加深刻地理解制度的变迁。中国当前社会治理中“三治融合”的实践，不能将其看作是凭空而来的发明创造，更不能将其与历史、文化割裂地看待，而应该将其与我国数千年政治文明传统紧密相关。承认这一点，可以更加深刻地理解社会的历史变迁、文化的传承不息，也能够更好地指导今天的社会治理实践。当然，今天的“三治融合”是在中国共产党领导下的社会治理现代化转型的必然结果，是以民主与法治为价值实质的治理手段。

① 资料由实地调研所得。

第二，随着国家现代化进程日益加快，法治的作用会越来越明显。法制在中国有相当长久的历史传统，但其法制的功能和目的都是为人治服务的，而传统意义上的法治则是对德治的调和及补充。当前，依法治国已经成为全体社会成员共同的价值追求，全体国民对法治的理解、对法律的尊重和遵守，对法治精神的遵循都上升到了历史上最高的程度。这与国家现代化的进程紧密相关，因为在经济社会高速发展时期，社会个体间利益关系的调节所需要的频度、力度、广度、深度都前所未有，因此，必须依靠法律的强制力和约束力来高效地解决这些发展问题。这是在基层治理实践中必须重视的一个课题，不论是在资源的配置，还是在矛盾调解的过程，在上访问题的解决中，以及在各类行业自治组织的运转中，运用法治手段的好坏高低，是关键所在。

第三，德治仍是善治社会的理想追求，但价值核心和内涵已发生重大改变。德治可以说是维护社会价值和社会秩序的基础，自古如此。古代的德治，是以“仁”为核心，以“忠、义、理、智、信”为具体内容的价值体系，其目的是“忠君”，实质上是维护封建统治阶级的统治。而在今天的社会主义中国，“富强、民主、文明、和谐，自由、平等、公正、法治，爱国、敬业、诚信、友善”已经代替“忠、义、理、智、信”成为新的社会道德标准的核心诠释，而其功能和目的也是真正的“以人为本”“以人民为中心”的治理观的集中表现，是服务于“富强、民主、文明、和谐、美丽”的社会主义现代化强国建设目标的价值体系。这些内容上的变化，一些是继承了传统德治思想的善治因素，一些是结合了经济社会发展的需求和内生共识发展而成的。基层治理现代化必须遵守社会主义核心价值观下的德治，要注重防范的是，尽可能地避免传统封建社会的糟粕思想借助德治的外衣而死灰复燃。特别是在基层治理实践中，不管是偏远地区，还是经济发达地区，都不同程度地存在着这样或那样的封建思想残余，如有的先富起来的地方存在着攀比成风的现象，有的落后地区还存在着严重的对女性自由和精神上的限制和侮辱。这些问题都必须有基层治理者加以重视，不能因为为了更好调动基层资源而成为旧的封建礼教的残余思想的合谋者，更不能美其名曰为中华民族传统德治理念，一定要在这方面做好甄别，用符合社会主义核心价值观的现代德治取代和驱逐以德治为包装的旧礼教残余。

第四，“三治融合”是对基层社会治理规则的进一步整合。要做到法治昌明，做到真正符合社会主义中国道德体系和社会治理现代化需求的德治的发展，做到在法治和德治规制和支撑下的基层自治既平稳有序又充满活力，其根本遵循还是要坚持党的领导。因为其从根本上解决了社会治理“治谁”“谁治”“依靠谁”“为了谁”的问题，只有坚持和加强党的全面领导，才能在基层环节上保证德与法在正确的轨道上不断发展，才能保证基层治理的成效真正保障人民群众的利益、造福于民。与此同时，基层治理要防范以加强党的领导的名义，使志愿者组织、行业协会、自治组织出现行政化的趋势，使“国家—社会”交融空间中非常宝贵的软性治理资源板结化，必须适度开放基层治理的自治空间，以党的领导为前提，以法治和德治为手段，达到加强基层社会自治活力的目的。

四、网格化服务管理：基层治理精细化的努力

如何将社会治理进一步推向精细化，如何将惠及民生的好政策真正发挥作用，“治理单元化”是当政者反复思考的问题，也是实现基层社会治理现代化的必由之路。从近些年各地的治理实践来看，各地不约而同地采取了“网格化服务管理、组团式服务”的模式。这些探索由各地发起，经中央肯定推广，网格化服务管理成为打通社会治理“最后一公里”的重要机制得到巩固。同时，它也为新时代“枫桥经验”的贯彻与实施，提供了重要的机制保障。

从形态上看，网格就是社会治理的最小单位，是基层中的基层、末梢中的末梢、前沿中的前沿。从功能上来说，网格化服务管理的实施，回应了党的十八大以后，社会治理的重心不断向基层下移的要求。一定程度上，权力、资源在网格层面汇聚，“集中力量办大事”的制度优势在这个小小单元内得以发挥、发展，以一种“统筹力量办实事”的形态，展示了社会主义制度优越性不单在大的国家治理层面起到作用，在最微小的微观社区一样发挥着关键作用。

“枫桥经验”发源地浙江省是较早全面实行网格化服务管理的省份之一。截至 2018 年年底，该省在村、社区一下划分了 7.8 万个网格，构建了全省“一张网”的基层治理体系，配备落实网格员 23.4 万人，其中专职网格员 8 万人。

（一）赋能于网格

事实上，在网格化工作发展的早期，各个条线都在进行尝试，如城建、金融、消防、税务等，但随着社会治安综合治理网格化的日益成熟，浙江省开始把各条线的网格加以统合，并以综治网格为基础，提出了全科网格的建设思路，把对基层网格的赋权赋能发挥到了极致。

通过梳理采访资料，笔者对其赋能情况进行了简单归类。

一是在形式上赋能。在浙江省，各地按照省委组织部、省综治办、省委办公厅、省民政厅、省司法厅、省人力资源社会保障厅等16个部门的统一部署，凡实行网格化服务管理的部门和行业，都要求统筹整合相关职能、力量、资源和经费，统一纳入全省“一张网”的网格体系。

二是在人员上赋能。为了网格化服务管理不仅仅是流动形式，而是切实发挥作用，浙江省依托较为发达的经济条件和财政支撑，推行专职网格员制度，为每一个网格配备一名专职的网格员，即“一网一专”工作，赋予社区工作者由“专岗专能”向“一人多岗、一专多能”转变。

三是在机制上赋能。当时的浙江省综治委出台了全科网格建设的工作细则，明确了全科网格建设“七统一”标准，即网格统一划分、资源统一整合、人员统一配备、信息统一采集、报酬统一筹措、业务统一培训、考评统一实施，为各地深化全科网格建设提供了有力指导。

四是在功能上赋能。明确了全科网格是党委、政府的网格，即党的部门和政府行政部门都可以对其实施领导，并明确其功能上要做到信息掌握、矛盾化解、治安防控、便民服务“四个到位”，具体包括基础信息采集、社情民意收集、安全隐患巡查、矛盾纠纷排查化解和法律政策宣传等五项基本功能。

五是在科技上赋能。浙江省善于运用互联网思维，坚持以信息科技为引领，推进基层社会治理工作的流程再造，初步形成了网格化和信息化的功能相互融合、线上线下联动的工作局面。在县乡两级综治平台建立指挥平台，落实有场地、有大屏、有人员、有机制的“四有”标准，并接入全省平安建设信息系统、综治视联网、公共安全视频监控图像信息，实现了“三网”全覆盖。此外，他们大力推广平安浙江APP在群众中的使用，依托网格事件三级流转办理机制，对在网格化服务管理中受理的群众诉求、发现的问题隐患，依托现代化的信息技术，由村（社区）、乡镇（街道）、县（市、区）逐级在网上受理事件、分析梳理、分流交办、督办反馈，形成闭环工作流程。

六是在资源上赋能。基层党建是做好基层社会治理的核心，是引领基层社会治理的“牛鼻子”工程。在推进全科网格建设中，浙江省以党建为引领，组建政策宣传、纠纷调解、卫生保健、环境保护等服务团队，将党组织的服务触角延伸到网格单位。各地基层党委积极组织发动社会组织、志愿者力量参与到基层治理,将“武林大妈”“和事佬”“乌镇管家”等品牌志愿者力量增配到网格，提升了网格化服务管理的效能。

（二）网格化工作的运转逻辑

1. 从技术治理的角度看。网格的划分，以及对其事权的填充，完全是治理技术的现代化需求的体现，特别是在互联网、大数据等新的科技加持下，这种技术治理的痕迹就更加明显了。对地方的实践来说，这种技术治理是以问题导向和功利导向的，上级部门常规化的需求和运动式的指令，成为其划分网格的初衷以及配置事权的依据，其目的是将各项事务能够更加精确、精准地完成。

2. 从机构改革的角度看。党的十八大以后，国家治理体系的党政主体进行了由上而下的调整，一些党政分开的事权，存在着割裂和两张皮的问题，反而不利于治理效力的提升。为此，国家从中央层面，开始进行了机构的重构，包括行政机关和党委部门的功能设置。调整后，各级治理主体开始进行跟进。在基层，本身原不涉及其调整，但这只是表面上的内容，主要原因是基层治理主体本身就不具备那么健全、全面又分工细致的机构设置。但是，基层的党委权威被进一步加强了，权威得到了进一步的拓展，而且它的资源、功能、人员都在向基层甚至社区、村流动和下沉。在一定程度上，网格被赋予了承接部门条块分割、智能叠加的改善和提升的功能。这是因为，根据“篮球理论”，装在一个箱子里的篮球，即使被充满气体，其篮球之间的缝隙也不可能被完全填充，这就需要网格发挥作用，把公众的需求更加精细化、个性化、针对化、全方位地触及。

3. 从国家和社会关系的角度看。前文已经提及，党政主体的治理，在基层以上的层级，和公众社会之间的关系是泾渭分明的，但到了基层，甚至更低的社区和村这个层面上，两者关系是处在一种模糊和交融状态下的。这种模糊和交融的状态有助于社会治理的软治理能力的提高，以消除或对冲硬治理带来的基层各种利益关系非此即彼的调配失衡，以及由此产生的稳定问题。网格内，不管是平安志愿者、义务巡逻队、矛盾调解员等非正式治理资源，还是网格员等半正式治理资源，就是这种模糊和交融地带的有效填充。很多时候，他们既是治理的参与者，也是治理效果的承担者，因此更能够感受百姓需求、更能够用心用力用情做好相关工作。在这种运行逻辑下，服务的下沉带来的管理下沉所产生的阻力和障碍被进一步消除了。

（三）网格单元：作为过程的展示和作为结构的补充

正如前文所说，国家公权力到达基层这个层级，组织结构上再往下延伸的链条便终止了，同时，这也带来了横向上行政资源的匮乏。为了解决这些问题，各地通过“枫桥经验”的落实，组织了大量的基层非正式治理资源，作为公共服务和管理的补充和帮手，也取得了较好的效果。但是，官方和民间在运行逻辑、利益立场上都存在着较大的本质上的不同，如果基层治理没有官方在形式上的参与，那么在内容上也很难达到完全的传导。而网格化服务管理一定程度上解决了这个问题。

网格化服务管理可看作是正式治理和非正式治理资源的中间过渡地带，笔者将其称为半正式治理资源。其主体，即网格员、网格长这一特殊群体，实际是由居委会、村“两委”干部兼职担任，或直接招聘社区工作人员全职担任。不管是全职，还是兼职，其工资都是由当地财政负担的，虽然其并没有类似于公务员或事业单位人员的编制，也不能简单等同于政府雇员，但从其收入来源和权力来源的角度看，其一定程度上隶属于官方体系，又因为其身份上的特殊性，故称其为非正式治理人力资源更为合适。

因此，在一定程度上，网格化服务管理作为权力链条伸向社会末端的触角，在权力结构上成为治理链条的延伸。这种延伸的性质，我们毋宁将其归类为半正式治理，也不能把其粗暴地理解为公权力对“国家—社会”在基层特别是社区、乡村交汇地带的模糊状态的破坏和统合。一定程度上，其是作为过程的展示，完成结构和功能之间的不对称或失衡状态。

这种过程的展示，其根本内涵是，通过对格内人、地、事、物、情的统合，从而形成了一个人人参与的治理共同体，这个共同体要面对共同的风险、承担共同的责任，在成熟网格中，或理想状态下，还要作出共同的抉择，采取共同的行动。网格员或网格长，作为国家公权力的非完全代理者，要完成委托者交办的任务和工作，必须通过不断地走访和接触，做到与人民群众心贴心，从而才能对社情民意做到"底数清、情况明"，并在特殊情况下，起到发动、组织、动员的作用。这一点在抗击新冠疫情的行动中表现得更加淋漓尽致。

同时，在这次抗击新冠疫情的行动中，网格的作用不但被日益突出，其网格本身共同体的概念也得到进一步的强化。① 网格内的组织、政策的宣传、资源的调配、民众的配合，都在突如其来的重大灾难面前，变得更加协调有序，尤其是在一些经受隔离的社区和村庄，其组织的协调高效地达到了空前的高度。这一方面是前期网格化服务管理打下了良好的群众基础，另一方面也是通过邻里守望，强化了治理共同体的概念。

具体来说，这种治理过程的展示主要包括以下几个方面。

1.空间。在政治学研究中，空间是一个极为重要的概念。离开空间谈社会，只能使探讨缺乏有力支持，成为无源之水、无本之木。即使是最小治理单元的网格，依然存在着空间讨论的必要性。"枫桥经验"的本质是做好群众工作，群众的需求，是对美好生活的向往、对安定有序环境的渴望。这些需求，需要精细化的治理单元，而这些单元的划分显然是有着一定逻辑的。在实践中，有的网格依据社区划分、有的依据楼栋划分、有的依据地理位置划分，总之，其划分后的空间，显然与居住其中的普通百姓有着直接的利害联系，不管是在熟人社会，还是在陌生人中生活，这种共同而直接的利害关系，非常重要。它有效避免了"各扫门前雪"的问题，让人们主动地关注其空间内的集体事务和公共利益。

2.共识。西方社区，人们聚居在一起居住，形成一个微小治理单元的基础，

① 容志、秦浩:《再组织化与社会治理现代化：重大公共卫生事件中社区"整体网格"的运行逻辑及其启示》,《上海行政学院学报》2020 年第 6 期，第 66 页。

一般是阶级，他们通过交税来体现各自对社区的贡献，很少参与邻里守护、社区共建的活动。因为西方国家的居民认为，自己已经通过交税的方式购买了公共服务。至于这种公共服务能否达到较高的水平，则根据缴税情况而定。因此，我们看到，在西方富人社区，市容整洁，医疗、教育资源发达，交通便利，治安良好，这一切是建立在资本的基础之上。而反观西方所谓的“贫民窟”，则是另一番颓废的景象，到处充斥着吸毒、犯罪、破败，并且基本的医疗、教育服务都难以保障，连警察等治安力量都很少会顾及这些街区，那是因为低收入人群的聚居，使得社区的税收水平很低。但同时，其社会制度上，由于选区制的存在，政治人物主要对自己的选区负责，因此不可能像社会主义的中国那样先进带后进、富裕地区对口帮扶落后地区以实现资源的合理配置。在社会层面上，西方社会又没有发育出邻里守望、共建家园的文化传统，因此，低收入社区逐渐成为被城市遗弃的角落，发展的希望渺茫。而中国的社区则不同，首先我们有社会主义制度的保证，我们追求的是全民的共同富裕，因此不会放弃任何一个治理单元的服务供给。同样重要的则是在文化层面上，我们的治理单元中的成员，是建立在传统和文化基础上的村居民，在共同价值体系的作用下，又居于同一空间区域内，更容易形成互助、互敬的关系，更容易形成共建、共治的氛围。

3.结构。在精细化治理的网格内，其实体结构比较简单，就是得到基层治理主体授权的代理人，即网格长、网格员，以其为纽带，将社区各家各户通过用心用情的群众工作，形成共建共治共享的治理共识，从而共同守护共有家园。这种模式，就是一点对一面的扁平化结构。但这种结构只是表面上的，从其功能和内涵上来看，无法解释网格事实上发挥的重大作用。事实上，网格的作用远不只结构上的那么简单，它以基层党组织为核心，以共同体认识为精神纽带，通过组织力量，裹挟进政府、市场、社会、家庭等多元治理主体，形成了类似于综合治理机制的治理效果，在最微观的社会层面上体现了社会主义制度的优越性，即较之西方社会的基层治理模式，我国基层治理中“统筹力量办实事”的能力显然要强得多。

4.行为。在网格这个最小的治理单元内，服务管理是通过三种渠道开展的：一是由国家法律政策规定的，有地方或国家财政负担的基本服务管理事项；二是由半官方性质的居委会、村委会提供的服务、管理；三是由社会组织、自治协会、相关企业等提供的民间形式的服务事项。这些服务管理行为之间的关系是互为补充、互为前提的。在基层社会治理的实践中，一个个网格就相当于一个个储物空间，越是运行得有效，其对社会治理事务的吸纳能力就越强，新时代“枫桥经验”所倡导的将服务管理事务尽可能留在基层解决的精神，正是通过网格的作用加以实现的，所谓“人在格中住，事在格中办”就是如此。特别是在互联网、信息化手段被广泛应用于基层社会治理之中，如浙江省先后开展的“最多跑一次”改革和“一次不用跑”改革，就更加强化了网格化服务管理的便捷性和高效性。

（四）网格工作在基层治理语境中的基础功能

最终，在结构的延伸和过程的展现中，网格化工作最大的功能是在基层社会营造了一个微小社会单元的治理场域。在这个场域内，“麻雀虽小，五脏俱全”，各类治理主体各司其职，将精细化的服务管理执行到位。具体来说，网格化工作实现了这样几个基本功能。

一是统一领导。过去，在基层治理中的一个最大问题是多元管理，所谓“上面千条线，基层一根针”，基层治理事务繁杂、千头万绪，各条线业务主管部门都在就自己的职能发号施令，但没有统一的指挥和领导，往往造成“谁都能管，谁都不管”的境地，政令不彰，效率低下。而在治理者将事权下放到网格后，多元管理的问题得到解决。这里并不是说，网格资源的召集人如网格员、网格长等有对所有网格事务进行管理的权限，事实上，其在很多工作上并没有得到这样的授权。基层网格员或网格长对集中管理存在的积极意义是，其可以成为各类政令的统一出口，令出一门，从而能够减少重复性工作和误判等问题，有效整合社会组织、志愿者、下沉干部、居委会或村委会、相关企业等资源，做到协调有效，多元共治。

二是群防群治、共建共享。群防群治是网格工作在社会治安方面的一个根本诉求。为达到这一目的，需要进一步明确责任人和责任单位，并广泛发动起群众力量共同参与平安网格建设。而随着网格工作的开展，功能日益丰富多元，治理功能中有了更多的服务管理内容，这些治理的内容，很大程度上需要全体居民的参与和配合。

三是信息收集。信息收集是治理网格的基本诉求。在一些地方，网格员的任务，只有信息收集这一项，而在其他地区，不管叠加多少其他功能，其基本的职责都包括信息收集这一项。也就是说，信息的收集、汇总是网格最为基础性的工作。网格员通过持续地走访和对群众的接触，充分了解网格内人、地、事、物、情、组织的基本状况，做到“底数清、情况明”，对问题及时上报，对治理行为及时提供信息，从而为进一步的精细化治理提供数据和信息基础。这是做好基层治理网格化工作，也是落实好新时代“枫桥经验”最大的前提和根本的保证。

四是明确权责。在网格内，活跃着街道工作人员、社区工作者、网格员、民警、志愿者、调解员、物业管理人员、心理疏导人员等治理参与者，这些人身份不同、层级不同，其职责定位也不同，所负担的责任也不一样。各地网格建设，通过细则、条例的颁布，把治理参与者的权责进行了更清晰的明确，从而让所有人既能够各司其职，又能够形成合力。

五是关系调整。随着网格化工作的持续进展，网格内的资源配置能力越来越强，各类主体之间的利益关系的调整能力也越来越精准。除了供应基本的民生服务，网格还需要将发生或可能发生的矛盾纠纷及时化解和排查，做到“矛盾不上交，化解在基层”，网格得到更多赋能赋权的情况下，化解矛盾的能力越来越强，这是新时代“枫桥经验”结合网格化服务管理后得以进一步提效增质的原因。

基层治理必须给网格更多的空间，使自治组织、社会企业的服务能够充分发育，同时厘清政府和社会、市场的界限，政府做好供给，做到帮忙搭台唱戏，不越界、不过线，从而保持基层治理体系的灵活性和对特定治理事务的匹配性。网格化工作，以行政化的形式加以推进，但这只是局限在这项工作的推广层面，从一定程度上反映出国家对这项工作的重视和对其治理效果的肯定。① 但这并不意味着在具体的网格运转中，仍然需要行政化手段的推动。网格是社会治理的

① 吴春来：《责任网格的精细化治理逻辑及其效能——乡镇党委统治的一种组织创新路径》，《西北农林科技大学学报（社会科学版）》2021 年第 6 期，第 33 页。

最小单元，也是国家与社会的交互地带，合理的各类性质资源的配置有利于这一单元的治理，如果一味加入行政化因素，不仅不能有效统合资源，还有可能使灵活的软治理出现板结化。需要进一步说明的是，网格化服务管理工作的去行政化，或者对行政过多参与的防范，并不是否定其政治性的强调。在我国政治语境中，政治和行政是完全不同的两个概念，政治的意志通过行政的手段去传达，但行政手段绝不是表达政治意志和诉求的唯一办法，强调在网格治理中发挥党组织的核心作用和功能，是拓展权威、提升资源调配和动员能力的途径，对政治性的需求，不意味着对泛行政化的鼓励。

五、流程再造和数字化参与：基层治理中的智能化尝试

在这里，我们通过一个案例，可以对基层治理智能化建设在新时代“枫桥经验”的实施中扮演了什么样的角色进行更加直观的了解。

在湖北某地，村民甲和村民乙，因某物权的归属产生异议，矛盾越来越大，可能存在“民转刑”的风险，于是某社会治理智能化系统根据网格员前后反映的多条信息，进行汇总分析，提醒需要进行调解介入的必要性。

这只是智能化作用的初步显现。在以往，处置此类矛盾纠纷的调解资源，相关机构会委派一位经验丰富的调解能手前去调解。但这位调解能手究竟是不是最适合双方的调解者，只是根据委派人员的个人经验而推断，而不是根据矛盾双方当事人的实际情况而选择。

此时，与传统的人为指定方法不同的是，社会治理智能化系统发挥作用，帮助决策者找到了最合适的调解员。原来，系统根据两位当事人的社会关系网，找了几名两人共同熟悉的人。在这几位人选中，正好又有熟悉该物权纠纷的专业人士。于是，不论对人，还是对事，这名专业人士都是最适合出面调解的人选。

智能化系统通过当事人实际情况和需求出发选最受双方信任、最了解专业情况的调解人员出面调解，找到了最适合的人。机器派人取代了人工派人，克服了主观性和经验主义。找对了人，调解的成功率自然大幅度提升。

（一）基层治理智能化的概念

信息化、智能化手段赋能基层治理，主要是通过对治理方的流程再造和对被治理者的数字化参与两个方面来共同实现的。

所谓智能化，是指事物在计算机网络、大数据、物联网和人工智能等技术的支持下，所具有的能满足人的各种需求的属性。有人形象地比喻，工业化社会是把人变成机器，智能化社会则是把机器变成人。

将智能化技术运用于社会治理领域，意味着通过智能技术的应用，逐步具备类似于人类的感知能力、记忆和思维能力、学习能力、自适应能力和行为决策能力，在各种场景中，以人类的需求为中心，能动地感知外界事物，按照与人类思维模式相近的方式和给定的知识与规则，通过数据的处理和反馈，对随机性的外部环境作出决策并付诸行动。①

智能化建设在社会治理领域的运用代表着一股革命的力量，给基层社会治理带来了新的机遇和挑战。社会治理智能化建设在信息技术发展到特定阶段，人工智能技术日益成熟的背景下，综合运用互联网、物联网及云计算、大数据、人工智能等技术运用于社会治理领域，形成新的治理理念、治理内容、治理方式和治理体制机制，从而提升基层治理效能的一种崭新形态。

我们从智能化建设对基层治理的结构、功能带来的改变进行讨论和分析，是发展趋势的现实需要，是透析新时代“枫桥经验”为什么行的客观需要，是用其利、避其害地将其更广泛更深入运用到基层治理领域的迫切要求，对探索中国特色的基层社会治理创新之路具有重要的理论价值和现实意义。

（二）智能化建设在基层治理中的运用

通过对新时代“枫桥经验”中有关社会治理智能化建设在基层治理工作中运用的梳理和归类，我们发现，其主要体现在以下治理工作中。

一是“智能化＋矛盾化解”。依托目前在全国范围内已经建立起来的省、市两级社会治理数据中心，对市、县、乡、村四级矛盾纠纷数据进行收集、汇总和梳理，整合矛盾纠纷网络热线平台，探索建立网上研判、网上调解、网上信

---

① 程栋：《智能时代新媒体概论》，清华大学出版社 2019 年版，第 26—27 页。

访等矛盾纠纷多元化解新途径，提升对矛盾纠纷的预防、研判和化解能力。

二是“智能化+公共安全”。确立了公共安全大数据管理理念，运用新一代互联网、物联网、大数据、云计算等新技术，有机整合技术信息资源，创新公共安全防范手段，建立公共安全突发事件分析模型，构建“社会参与、关口前移、重心下沉”的公共安全管理模式。

三是“智能化+执法司法”。科学规划信息互通共享的总体架构，完善政法网的功能，加强信息系统的整合规范，推动网络设施共建，着力解决信息资源互通共享问题和“案多人少”的矛盾，促进政法各单位资源高效配置、工作高效运转，进一步提高执法司法公信力。

四是“智能化+公共服务”。依托智能化的手段，促进办事部门公共服务相互衔接，变“群众奔波”为“信息跑腿”，变“群众来回跑”为“部门协同办”，从源头上提升了公共服务整体效能。在很多省市，已经深入开展了“最多跑一次”改革，甚至在浙江，已经开始了“一次不用跑”改革。

五是“智能化+网格化服务管理”。各地以深入推进基层治理现代化与“网格式管理、组团式服务”两项工作深入融合为抓手，健全工作机制，推进信息共享，拓展应用功能，努力构建网上网下联动的基层治理工作运行体系。

六是“智能化+基层自治”。以基层党建为引领，发挥社区社会组织、乡贤参事、村规民约、社区公约的作用激发社会自治活力，通过社会治理大数据平台、微信聊天群、新媒体账号等多种信息化途径，切实夯实基层自治组织的建设，着力提升基层自治水平。

（三）智能化赋权基层治理的主要功效

从治理者的一端看，智能化一定程度上打破了物理上的条块限制，改变了功能结构。作为一种颠覆性的力量，它的运用和开展，使得基层治理更加高效，基层指挥更加扁平化，在一定程度上实现了权力运行流程的再造。

一是确保了组织传播过程中信息高速流转和信息折损最小化。现代信息社会，信息是一切工作开展的基础。信息对基层工作的支撑，主要有两个方面：一方面，是信息量的累积，这一点既需要信息的广度，也需要时间的积累；另一方面，就是信息流转的速度，在古代，国家权力运转的信息流转能力非常差，只能通过飞鸽传书或者快马加鞭的办法来传递信息，如果遇到紧急事态，中央对地方的情况难以及时掌握，自然影响了判断和解决的效果。如今在信息化社会，建立起各个治理节点全部包含的信息传送网络，可以把信息化的优势发挥到极致，其核心体现为信息的高速传递和流转，同时在这一过程中有效减少信息损耗，这些都为正确的决策和执行行为提供了重要的保证。

二是明确了权责分明的闭环管理体系。智能化操作帮助管理者建立了这样一个网上办事流转的平台，在这个平台上，可以较为完整地形成事务办理从发生、发现、接收、运转、解决、反馈、考核的全流程闭环管理，这样做的好处是可以有效地规避在线下流转过程中的人为因素，从而避免推诿塞责的现象发生。事情办理的成效、老百姓的口碑都在网上一目了然，整个过程全程留痕，有效压缩了官僚和形式主义作风在基层工作中存在的空间。

三是打破了条块分割的限制。一般而言，在基层治理智能化建设的过程中，会建立统一的智慧平台，这个指挥平台嫁接于各类事项流转平台之上，从而形成了扁平化管理的结构。这在一定程度上克服了科层制中层层传导形成的动力不足以及横向上各业务部门配合不畅的弊端，一个统一指挥中枢直接可以单向也可以多向地发布指令，根据事件实际情况，各部门可以线性行动也可以同时进行，由此一个理想的权力运转机制在虚拟环境下得到确立，从而有效地对冲了线下实体机制的短板。

四是校准了基层治理的靶向。智能化建设的作用还有一个重要方面就是帮助治理者克服个人主观判断和经验主义可能会存在的失误率，可以把这个失误率压到很低的程度，从而提高处理各类事务的成功率。之所以能够做到这一点，智能化系统是这样的一个运作逻辑，即基于大数据和云计算的技术，根据现有模型，自动筛选、关联、定位重要信息和关键数据，为决策者提供决策依据，而随着时间的推移，智能系统具备自我学习的能力，其会根据事件运转的效率、事件办结的成功率、事件反馈的好评率等多个维度，去不断改进自身作出判断的效能，不断完善相关模型和运算，从而在不断学习、不断修正中得到提高。因此，由其作为决策的重要参考依据，可以很大程度上提升基层治理的靶向性，提高治理的现代化水平。

（四）智能化赋能基层治理的实现途径

以上这些过程的开展，可以完全看作是对当前条块结合官僚体系下产生的组织短板的修正和补充，可以说是在官僚体系内部的流程再造，通过这种再造，有效提升了问题处置的效率，在给基层治理者赋能的同时也明确了责任归属，故而激发了基层人员的干事活力和主观能动性。

而在社会这一端，享有基层治理成果的社会公众和社会组织，也通过数字化参与保证了其对基层公共事务平等的参与权，实现了一种数字化民主的新形式，在很大程度激发了民众参与基层治理的热情。①

第一就是有效保证了群众的治理知情权和参与权，由此建构起基层民主实践的核心支撑体系。在目标性体系下基层治理的目标需要进一步明确，通过民众的数字化参与，大家有意见可发表，有观点可交谈，民事民议的机制不受到时间和空间的限制，更容易达成共识和一致性。一旦这个目标体系达成，公众的参与又可以通过智能化的手段，合理匹配任务到合适的人群，所谓有钱出钱、有力出力、有主意出主意，从而切实地参与到社会治理当中去。基层治理者也更容易听到发现社情民意和群众的呼声，从而有方向性地调整自身的政策，真正实现了民心民意对权力决策的影响和主导，达成了基层治理的民主化参与。

第二是改善了个体接收信息不对称的问题。由于在当今社会，每个人受到的教育、所处的环境、注意力的差异都导致了对基层治理信息的接收有着不对称的问题。信息化手段，首先将诸如政务信息进行第一时间公布，民众数字化参与的便捷度要求了基层政权必须及时全面地公布政务信息并接受监督。其次作为接收者的普通民众，不需要对相关信息采取较高程度的关注力，其获取信息的低门槛保证了信息的传达。最后就是信息推送的精准性和针对性，什么样的个体，需要什么样的信息，这些是由智能化系统自动匹配的，这就有些像互联网公司为吸引客户黏度而进行的算法推送，当然基层治理者的推送既有个人需求，也有行政行为，但总之民众所需要的信息被及时推送和感知了。有了这三点的保证，民众获取信息的门槛持续降低，便捷度持续增高，基层治理的数

---

① 何阳:《村民自治中农村流动人口的数字化参与》,《西北农林科技大学学报（社会科学版）》2021 年第 2 期，第 43 页。

字化参与度也就与时俱进。这里需要指出的是，信息化条件下，信息的推广和接收，或者民众的数字化参与，都是针对能够较为熟练运用数字终端的人群，主要是中青年人群，而对数字化手段不敏感、对数字终端操作不熟练的老年人群的基层治理参与则是需要研究和关注的问题。这里要指出的是，老年人的治理参与，可能很多时候还是需要传统手段和途径，但数字化参与并非没有空间，比如有很多城市都通过数字电视机顶盒开机启动时间有效推送治理信息，这符合了老年人观看电视的习惯，也借由这一路径达成了信息的数字传达，类似的尝试值得借鉴和推广。

第三是切实为基层增加可调配的治理资源。信息化手段拓展了横向和纵向两个维度上基层治理可用的各类资源，首先就是人力资源。在基层治理中，有很多具有较高学识和知识能力水平、特殊技能，以及经济、社会乃至政治资源的个体或组织，这些民众既有在当地的，也有在外地的。智能化、信息化手段，有效打破时空和户籍上的限制，通过数字化参与，有效地将这些人力资源连接和激发起来，对一个基层地域的治理来说，无形中在成本几乎没有增加的情况下，增加了更多的治理资源，这是一件非常重要的事情。其次除了人力资源，还有很多物、事、地、空间等资源，都处于闲置状态，智能化手段有助于通过扫视数据死角，科学匹配，从而将这些闲置的资源彻底激活。

第四是促进了民众的治理参与向更加科学的方向发展。对基层治理来说，问题意识和问题导向，一直作为一种基本的工作思路被治理者加以强调。这种讲法，暗含了对问题的化解并非主动作为，而是出了问题，再去加以研究解决的治理倾向。这种做法，显然对追求社会治理现代化的执政党来说，并不是一种值得推崇的治理思路。基层治理工作，当然要围绕问题展开，围绕问题解决、围绕问题治理，但是如何更好、更早地发现问题，是治理者们必须思考和面对的问题，也是实现基层治理现代化的必要途径。同时，在问题治理的过程中，如何继续发现问题，并且发现解决问题的症结所在，也是需要加以探讨的。一定程度上，公众的参与不足，不利于问题的早发现，事件的早解决，这是在初期环节；在治理的中期环节上，治理方式的选取、治理方向的明确与治理资源的调配，同样需要民众的广泛参与；在治理的末端环节上，正是有了广大群众在治理决策和治理执行环节上的参与，才能够得到一个大多数人满意的治理结果，从而真正做到案结的同时，并且相关的事宜也能圆满解决。智能化、数字化、信息化手段，打通了治理主体条块分割的限制，也打通了社会公众、社会组织参与基层治理的时空限制，从而让这种治理行为更具有民众基础，更能被民众接受和拥护，从而增强其政策的合法性来源。这样做的结果，就是不断把民众的基层治理引向更加科学、更加可持续的方向。

结 论

“好的制度”必然带来“好的治理”吗？“失败的治理”一定是由于“制度的失败”导致的吗？一直以来，政治学研究中都有着一种“唯制度论”的价值取向，甚至一度出现了围绕“制度崇拜”而产生的“理论神话”。[①] 曾经，西方政治体制被看作是人类政治文明的唯一正确模式和终极方案。弗朗西斯·福山的《历史的终结》是在西方资本主义冷战后国际政治中取得绝对优势地位的情况下，一纸自我加冕的“诏书”。但随着时间的推进和社会的发展，我们看到西方政治、美式民主在拉丁美洲、非洲、亚洲等许多国家都出现了不同程度的水土不服，就连西方国家自己在浮华散去之后，也表现出宗教、民族、经济、文化等各个领域的矛盾和衰退。这些都使得政治学研究者们不得不把对治理结果的解释在一定程度上从制度的聚焦转移到对文化、历史、人文、习俗、地理、经济等多元因素的关注上来。

特别是近年来，以美国为代表的西方国家接连发生的民粹主义现象、“国会山”事件、“黑命贵”事件等，让人们对西方体制治理效能的观感有了新的认识，也使“西方之乱”和“中国之治”形成鲜明对比。这些现象给了中国的政治学者们不可回避的研究内容，也赋予了其责无旁贷的学术使命，那就是在道路自信、理论自信、制度自信、文化自信的基础上，探寻中国社会长期保持安全稳定的治理密码。

“枫桥经验”经过六十多年的不断发展，历久弥新。特别是近些年来，伴随着中国特色社会主义基层社会治理的实践不断深入，得益于我们党对中国社会

① 释启鹏:《“好制度”为何不能总是带来“好结果”？——中美洲国家兴衰的比较历史分析》,《经济社会体制比较》2021 年第 5 期，第 184 页。

发展规律和执政规律的把握日益科学全面，“枫桥经验”的内容和内涵被不断扩展。现在，新时代“枫桥经验”早已不单是政法战线上的一面旗帜，而是成为中国基层治理过程中，党委和政府所必须遵循的工作方法，代表着中国基层社会治理现代化的发展方向。

由于工作的关系，笔者得以零距离接触“枫桥经验”、感受“枫桥经验”、研究“枫桥经验”。脚踏着乡土中国的厚重土地，面对着中国基层治理纷繁复杂的艰巨形势，一连串的问题在笔者心中不断提出：各地都在积极探索治理经验，为什么偏偏是“枫桥经验”被历任领导人高度肯定？“枫桥经验”为什么行？“枫桥经验”究竟好在哪里？“枫桥经验”为什么能永葆活力？

带着一连串的问题，笔者决心通过严谨的学术研究来回答长久萦绕心头的疑惑，或许也能以此探寻到实现中国基层治理现代化的答案。笔者认为，任何治理模式都离不开政治体制机制的制约，而政治体制机制的运转又在一定程度上决定了治理功能的实现。于是，在前人研究的基础上，笔者选择了比较政治学中“结构—功能”框架对“枫桥经验”进行详细剖析。

通过纵、横两个面向对政治权力结构进行考察，笔者得出了这样一个结论，那就是，作为治理链条的最末端和面对群众的最前端，基层治理主体调配资源的能力相对较弱，与压力型机制的治理诉求形成鲜明对比，形成了“无限责任”和“有限权力”之间的矛盾。而纵观六十多年来“枫桥经验”的治理成效，其在社会稳定、风险化解、民生供给方面做出了出色的成绩，达到了令人赞叹的治理效果。

于是，一个新的问题出现了。那就是，“枫桥经验”的实施者们，是如何利用条件有限的治理资源完成令人瞩目的治理成效的？正如要回答“中国只用占世界7%的耕地养活了世界上22%的人口”这一发展奇迹，需要展示其增产的过程一样，对于中国治理的奇迹之问，也需要通过对治理过程的展示寻找答案。

最终，在对基层治理过程的探寻中，笔者找到了“枫桥经验”为什么行的答案，那就是：通过上级党组织的赋能，以及社会各界对党的权威的共同认可，基层党组织的权威得到扩展，进而在党建领导下，通过各种治理技术手段，纵向上将治理链条不断向最基层延伸，横向上则打破基层各类治理主体的割裂状态，发动人民群众广泛参与治理工作，构建起基层治理的共同体，最终实现“共建共治共享”治理格局的形成。

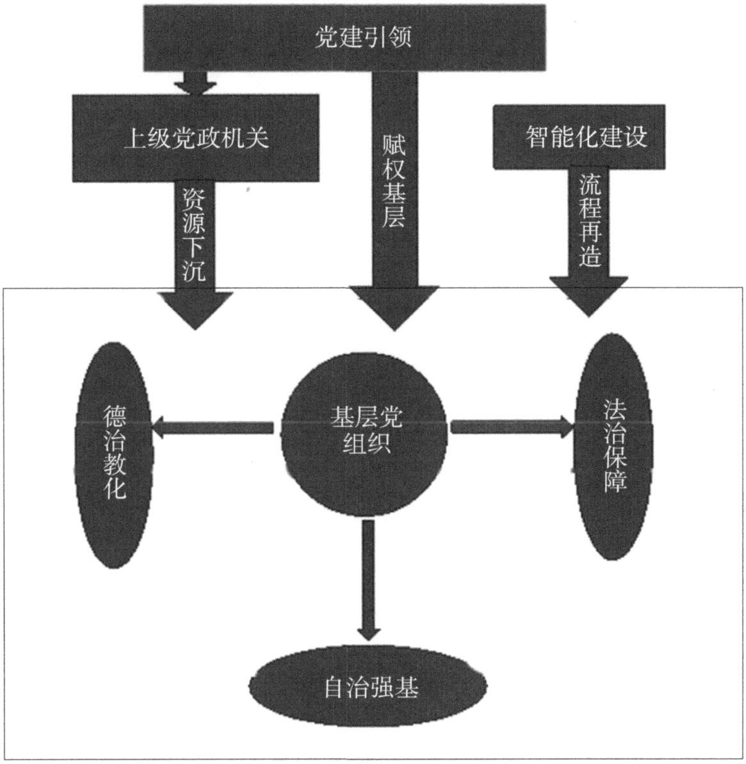

新时代“枫桥经验”的启示：基层“共建共治共享”治理格局的形成

经过改革开放四十多年不懈努力，我们创造了经济快速发展和社会长期稳定两大奇迹。这其中，以“枫桥经验”为代表的各地基层治理实践，功不可没。

从“枫桥经验”诞生、创新和发展的历史来看，在不同历史时期，面对不同历史任务，针对不同的现实问题，“枫桥经验”不断进行实践创新，不断在经验总结中注入新的内涵，成为中国城乡基层社会治理的典型与范本。在新时代治理情境下，以人民为中心的发展理念，指导着“枫桥经验”继续推进城乡基层社会治理现代化，继承和发扬党的群众路线，建设“平安中国”，不断增强人民群众的获得感、幸福感、安全感，成为“枫桥经验”的灵魂。

党的十八大以来，创新社会治理体制、实现社会治理现代化被提上党和政府的重要议事日程。特别是党的十九大以后，市域社会治理现代化试点工作有序推开，基层社会治理机制的完善和创新逐步成为各级党委政府，尤其是基层工作的重点所在。在这一改革探索过程中，一方面，需要执政者敢于推进制度层面的体制机制创新；另一方面，需要倾听人民呼声、顺应群众需求，动员基层各方的社会力量积极参与治理实践，继续发挥好党领导一切的制度优势，凝聚各部门的工作积极性，激发多方社会力量协同治理、多元共治，加快健全完善“党委领导、政府主导、民主协商、社会协同、公众参与、法治保障、科技支撑”的现代化基层社会治理体系。

有学者指出，国家治理的理想状态，就是善治（Good governance)。善治不同于传统的政治理想“善政”或“仁政”。善政不仅要有好的政府治理，还要有好的社会治理，其本质特征就是国家与社会处于最佳状态，是政府与公民对社会公共事务的协同管理，或称官民共治。善政是通向善治的关键，欲达到善治，首先必须实现善政。[①] 由此可见，以善治为目标的基层社会治理现代化，必须在发挥好政府权力在基层社会中的组织、引导、管理作用的基础上，解决好政府权力与公民权利之间的关系，找到协同治理的途径。

“枫桥经验”既是历史经验也是现实经验，注重理论联系实际加强调查研究。未来，笔者将更加深入探讨分析中国基层社会治理理念、治理方式、治理结构、工作重点等具有面向全国的实践指导性和社会建设的理论共通性，不断探讨总结其内涵定位、理论观点、方式方法、结构体系和效果影响，使其从解决中国问题的中国经验，继续丰富发展成为对人类社会治理思想和治理理论的新的重要组成部分，进一步扩展研究范围覆盖经济、政治、文化、社会、生态文明等全方位、多领域的基层社会治理经验。

① 俞可平：《国家治理中的中国特色和普遍趋势》，《公共管理评论》2019年第1期，第25页。

参考文献

经典文献著作类：

[1]《马克思恩格斯选集》(第1—4卷)，人民出版社2012年版。

[2]马克思:《资本论》(第三卷)，人民出版社2013年版。

[3]《列宁选集》(第4卷)，人民出版社1995年版。

[4]《毛泽东选集》(第1—4卷)，人民出版社1991年版。

[5]《毛泽东文集》(第1—7卷)，人民出版社1993、1996、1999年版。

[6]《邓小平文选》(第3卷)，人民出版社1993年版。

[7]《邓小平文选》(第1、2卷)，人民出版社1994年版。

[8]《江泽民文选》(第1—3卷)，人民出版社2006年版。

[9]《江泽民论有中国特色社会主义(专题摘编)》，中央文献出版社2002年版。

[10]《胡锦涛文选》(第1—3卷)，人民出版社2016年版。

[11]《习近平谈治国理政》(第一卷)，外文出版社2018年版。

[12]《习近平谈治国理政》(第二卷)，外文出版社2017年版。

[13]《习近平谈治国理政》(第三卷)，外文出版社2020年版。

[14]习近平:《决胜全面建成小康社会 夺取新时代中国特色社会主义伟大胜利》，人民出版社2017年版。

[15]习近平:《之江新语》，浙江人民出版社2007年版。

[16]中共中央宣传部:《习近平总书记系列重要讲话读本(2016年版)》，学习出版社、人民出版社2016年版。

[17]《十二大以来重要文献选编》(上、中、下)，人民出版社1986—1988年版。

[18]《十三大以来重要文献选编》(上、中、下)，人民出版社1991—1993年版。

[19]《十四大以来重要文献选编》(上、中、下),人民出版社1996—1999年版。

[20]《十五大以来重要文献选编》(上、中、下),人民出版社2000—2001年版。

[21]《十六大以来重要文献选编》(上、中、下),中央文献出版社2005—2007年版。

[22]《十七大以来重要文献选编》(上、中、下),中央文献出版社2009—2012年版。

[23]《十八大以来重要文献选编》(上、中、下),中央文献出版社2014—2017年版。

[24]《十九大以来重要文献选编》,中央文献出版社2021年版。

[25]《中共中央关于推进农村改革发展若干重大问题的决定辅导读本》,人民出版社2008年版。

[26]中共中央文献研究室:《习近平关于协调推进“四个全面”战略布局论述摘编》,中央文献出版社2015年版。

[27]习近平:《干在实处 走在前列》,中共中央党校出版社2006年版。

[28]《习近平关于实现中华民族伟大复兴的中国梦论述摘编》,中央文献出版社2013年版。

[29]《习近平关于协调推进“四个全面”战略布局论述摘编》,中央文献出版社2015年版。

[30]《习近平关于“三农”工作论述摘编》,中央文献出版社2019年版。

[31]《习近平扶贫论述摘编》,中央文献出版社2019年版。

[32]《中共中央国务院关于“三农”工作的一号文件汇编(1982—2014)》,人民出版社2014年版。

[33]《十七大报告辅导读本》,人民出版社2007年版。

[34]《十八大报告辅导读本》,人民出版社2012年版。

[35]《十九大报告辅导读本》,人民出版社2017年版。

[36]中央党校采访实录编辑室:《习近平的七年知青岁月》,中共中央党校出版社2017年版。

[37]杨秋宝:《2020:中国消除农村贫困——全面建成小康社会的精准扶贫、脱贫攻坚研究》,人民出版社2018年版。

[38] 梁漱溟:《乡村建设理论》，上海人民出版社 2011 年版。

[39] 费孝通:《乡土中国》，北京大学出版社 2012 年版。

[40] 罗荣渠:《现代化新论——世界与中国的现代化进程》，北京大学出版社 1993 年版。

[41] 罗荣渠:《现代化新论续篇——东亚与中国的现代化进程》，北京大学出版社 1997 年版。

[42] 张厚安等:《中国农村村级治理——22 个村庄的调查与比较》，华中师范大学出版社 2000 年版。

[43] 项继权:《集体经济背景下的乡村治理——南街、向高和方家泉村村治实证研究》，华中师范大学出版社 2002 年版。

[44] 肖唐镖、李昌金等:《中国乡村报告：政府行为与乡村建设研究》，学林出版社 2005 年版。

[45] 卢福营:《非农化与农村社会分层——十个村庄的实证研究》，中国经济出版社 2005 年版。

[46] 谢旭人:《中国财政改革三十年》，中国财政经济出版社 2008 年版。

[47] 徐勇、邓大才等:《中国乡村政治与秩序》，中国社会科学出版社 2012 年版。

[48] 唐鸣等:《草根民主的法律规制——村民自治面临的新问题及法律制度建设》，中国社会科学出版社 2013 年版。

[49] 邓大才:《小农政治：社会化小农与乡村治理——小农社会化对乡村治理的冲击与治理转型》，中国社会科学出版社 2013 年版。

[50] 李增元:《村民自治到社区自治：农村基层民主治理的现代转型》，山东人民出版社 2014 年版。

[51] 胡恒:《皇权不下县：清代县辖政区与基层社会治理》，北京师范大学出版社 2015 年版。

[52] 张德美:《皇权下县：秦汉以来基层管理制度研究》，清华大学出版社 2017 年版。

[53] 苏力:《大国宪制——历史中国的制度构成》，北京大学出版社 2017 年版。

[54] 樊鹏:《社会转型与国家强制——改革时期中国公安警察制度研究》,中国社会科学出版社 2017 年版。

[55] 石建勋:《新时代我国社会发展的主要矛盾研究》,人民出版社 2019 年版。

[56] 陶希东:《新时代中国创新社会治理战略研究》,上海社会科学院出版社 2020 年版。

[57] 俞可平:《治理与善治》,社会科学文献出版社 2000 年版。

[58] 俞可平:《论国家治理现代化》,社会科学文献出版社 2014 年版。

[59] 政协诸暨市文史资料委员会,诸暨市公安局编:《枫桥经验实录》,中共党史出版社 2000 年版。

[60] 中共绍兴市委党校:《“枫桥经验”与新城镇社会管理创新研究》,中国社会科学出版社 2013 年版。

[61] 罗荣渠:《现代新论——中国的现代化之路》,华东师范大学出版社 2013 年版。

[62] 何晓杰:《“后农业税时代”的中国乡村治理:以东北农村为研究视域》,人民日报出版社 2014 年版。

[63] 郭玉福:《毛泽东与中国农业发展》,中国农业出版社 1998 年版。

[64] 陈爱玉:《邓小平关于农业的“两个飞跃”思想与实践》,人民出版社 2009 年版。

[65] 郑兴明:《中国城镇化进程中农民退出机制研究》,人民出版社 2012 年版。

[66] 曹锦清:《如何研究中国》,上海人民出版社 2010 年版。

[67] 温铁军:《中国新农村建设报告》,福建人民出版社 2010 年版。

[68] 中共中央文献研究室:《十五大以来重要文献选编》(上),中央文献出版社 2005 年版。

[69] 陆学艺、王农:《论当代中国农业、农村、农民研究》,社会科学文献出版社 2002 年版。

[70] 陆汉文、黄承伟:《中国精准扶贫发展报告》,社会科学文献出版社 2017 年版。

［71］郑长德:《精准扶贫与精准脱贫》，经济科学出版社 2017 年版。

［72］徐秀丽:《中国农村治理的历史与现状：以定县、邹平和江宁为例》，社会科学文献出版社 2004 年版。

［73］《中共中央国务院关于“三农”工作的一号文件汇编：1992—2014》，人民出版社 2014 年版。

［74］李长健:《中国农村矛盾化解机制研究：一种权益保护与社区发展的视角》，人民出版社 2013 年版。

［75］罗荣渠:《现代化新论——中国的现代化之路》，华东师范大学出版社 2013 年版。

［76］吴振坤:《马克思主义在中国的丰富和发展》，中共中央党校出版社 1997 年版。

［77］许传红:《中国共产党农业发展思想》，武汉理工大学出版社 2013 年版。

［78］辛宝海:《路在何方——改革开放以来中国二元经济理论研究》，经济科学出版社 2010 年版。

［79］费孝通:《乡土中国 生育制度》，商务印书馆 2011 年版。

［80］黄承伟:《中国农村反贫困的实践与思考》，中国财政经济出版社 2004 年版。

［81］陆学艺:《“三农”续论：当代中国农业、农村、农民问题研究》，重庆出版社 2013 年版。

［82］钱穆:《中国历代政治得失》，九州出版社 2012 年版。

［83］程贵铭:《农村社会学》，中国农业大学出版社 1998 年版。

［84］王怀超、郭强:《深入学习习近平关于全面深化改革的有关论述》，中共中央党校出版社 2014 年版。

［85］郑兴明:《中国城镇化进程中农民退出机制研究》，人民出版社 2012 年版。

［86］中国农业科学院农业经济研究所:《邓小平农业思想研究》，中国农业出版社 1998 年版。

［87］朱剑峰:《“三农问题”：政府行为合理化研究》，合肥工业大学出版社 2015 年版。

[88] 刘奇:《中国三农“危”与“机”》，中国发展出版社 2014 年版。

[89] 喻新安、刘道兴:《新型农村社区建设探析》，社会科学文献出版社 2013 年版。

[90] 于燕燕:《社区自治与政府职能转变》，中国社会出版社 2005 年版。

[91] 张林成:《新型农村社区建设简明读本》，北京科学技术出版社 2012 年版。

[92] 潘屹:《家国建设——中国农村社区建设模式分析》，中国社会出版社 2009 年版。

[93] 黎昕:《中国社区问题研究》，中国经济出版社 2007 年版。

[94] 焦必方、孙彬彬:《日本现代农村建设研究》,复旦大学出版社 2009 年版。

[95] 张琦、黄承传:《完善扶贫脱贫机制研究》，经济科学出版社 2015 年版。

[96] 张林成:《新型农村社区建设简明读本》，北京科学技术出版社 2012 年版。

[97] 张亲培:《公共政策与社会公正》，吉林人民出版社 2009 年版。

[98] 李长健:《中国农村矛盾化解机制研究：一种权益保护与社区发展的视角》，人民出版社 2013 年版。

[99] 陈述、曹普:《中国跨世纪发展战略研究——第三代中央领导集体重大发展战略的形成与实施》，黑龙江教育出版社 2003 年版。

[100] 吴毅:《村治变迁中的权威与秩序》，中国社会科学出版社 2002 年版。

[101] 彭勃:《乡村治理：国家介入与体制选择》,中国社会出版社 2002 年版。

[102] 欧阳斌、唐春元:《毛泽东农民问题理论研究》，浙江人民出版社 1993 年版。

[103] 中国法学会“枫桥经验”理论总结和经验提升课题组:《“枫桥经验”的理论构建》，法律出版社 2018 年版。

[104] 中共绍兴市委党校，“枫桥经验”研究中心:《新时代“枫桥经验”与基层治理现代化》，浙江人民出版社 2018 年版。

[105] [美] 罗吉斯、伯德格，王晓毅、王地宁译:《乡村社会变迁》，浙江人民出版社 1988 年版。

[106] [美] 理查德·C·博克斯，吴爱明等译:《政府未来的治理模式》(中

文修订版)，中国人民大学出版社 2013 年版。

[107][美]弗朗西斯·福山，黄胜强等译:《国家建构——21 世纪的治理与世界秩序》，中国社会科学出版社 2007 年版。

[108][美]杜赞奇，王福明译:《文化、权力与国家——1900—1942 年的华北农村》，江苏人民出版社 2010 年版。

[109][美]黄宗智:《华北的小农经济与社会变迁》，法律出版社 2014 年版。

[110][美]沃尔夫冈·查普夫，陈黎、陆宏成译:《现代化与社会转型》，社会科学文献出版社 1998 年版。

[111][美]莱斯特·萨拉蒙:《全球公民社会非营利部门视界》，社会科学文献出版社 2002 年版。

[112][美]彼得·德鲁克，齐思贤译:《卓有成效的社会管理》，东方出版社 2009 年版。

[113][美]约翰·克莱顿·托马斯，孙柏英等译:《公共决策中的公民参与》，中国人民大学出版社 2010 年版。

[114][美]科塞，孙立平等译:《社会冲突的功能》，华夏出版社 1989 年版。

[115][日]田原史起:《日本视野中的中国农村精英：关系、团结、三农政治》，山东人民出版社 2012 年版。

[116][法]让-皮埃尔·戈丹著，钟震宇译:《何谓治理》，社会科学文献出版社 2010 年版。

[117] Elinor.Ostrom, *Governing The Commons: The Evolution Of Institutions For Collective Action*, Shanghai: Joint Publishing Company, 2000.

[118] Coser Lewis, *The Functions of Social Conflict*, Beijing: Huaxia Publishing House, 1989.

[119] Samuel P. Huntington, *The Third Wave: Democratization in the Late Twentieth Century*, Shanghai: Joint Publishing Company, 1998.

[120] Roger Hilsman, *To Govern America*, Beijing: The Commercial Press,1986.

[121] Jean Pierre Gaudin, *Pourquoi la gouvernance*?, Beijing: Social Science Academic Press, 2010.

[122] Anthony Oberschall, *Social Conflict and Social Movements*, Englewood

Cliffs,N.J:Prentice-Hall,1973.

[123] Yu K P., *Governance and good governance*, Beijing: Social Sciences Academic Press, 2000.

期刊论文类：

[1] 盛邦跃:《对卜凯的中国农村社会调查的再认识》,《学海》2001 年第 2 期。

[2] 钱三雄:《以群众工作统领社会管理创新——纪念毛泽东同志批示“枫桥经验”50 周年》,《中国浦东干部学院学报》2013 年第 4 期。

[3] 马永定、戴大新:《“枫桥经验”法治化路径研究——以绍兴市坚持发展“枫桥经验”为例》,《公安学刊(浙江警察学院学报)》2014 年第 6 期。

[4] 汪世荣:《提升基层社会治理能力的“枫桥经验”实证研究》,《法律适用》2018 年第 17 期。

[5] 卢芳霞:《基层协商民主与“枫桥经验”创新》,《浙江工业大学学报(社会科学版)》2018 年第 2 期。

[6] 余钊飞、罗雪贵:《枫桥经验:基层社会治理法治化的历史演进》,《山东科技大学学报(社会科学版)》2018 年第 3 期。

[7] 陈冀平:《努力做好新时代“枫桥经验”理论总结和课题研究工作》,《公民与法(综合版)》2018 年第 4 期。

[8] 刘树枝:《新时代“枫桥经验”基本内涵探究》,《社会治理》2018 年第 4 期。

[9] 刘开君、卢芳霞:《再组织化与基层社会治理创新——以“枫桥经验”为分析案例》,《治理研究》2019 年第 5 期。

[10] 孙丽娜、高策:《“枫桥经验”研究文献综述》,《商丘职业技术学院学报》2015 年第 6 期。

[11] 翟坤周:《新时代“三农”协同发展的马克思主义中国化逻辑:问题、范式及目标》,《新疆师范大学学报(哲学社会科学版)》2020 年第 1 期。

[12] 郑有贵:《问题视域下新中国,70 年“三农”的转型发展》,《当代中国史研究》2019 年第 5 期。

[13] 马桂萍、赵晶晶:《习近平关于“三农”问题理论思维述要》,《理论视野》2019 年第 5 期。

[14] 阎占定:《习近平“三农”思想研究》,《中南民族大学学报(人文社会科学版)》2017年第4期。

[15] 彭腾:《习近平“三农”思想初探》,《湖南行政学院学报》2015年第1期。

[16] 桂华:《“三农”压舱视角下的农村土地制度改革》,《人民论坛》2019年第14期。

[17] 钱正武:《习近平新时代“三农”观的理论贡献》,《理论学刊》2019年第2期。

[18] 孟凯、王东波:《中国“三农”问题研究现状及其成果评价——基于国家社科基金项目及其成果论文的计量分析》,《重庆大学学报(社会科学版)》2018年第3期。

[19] 王俊文、王暾:《“十八大”以来“三农”问题研究的回顾与展望》,《湖南社会科学》2018年第3期。

[20] 解安:《习近平“三农”思想体系研究——以“农民权益”为核心》,《人民论坛·学术前沿》2017年第22期。

[21] 许经勇:《用新的发展理念破解“三农”新难题》,《湖湘论坛》2016年第5期。

[22] 徐慧:《浅析新农村建设——以习总书记的中国梦为切入点》,《法制与社会》2016年第34期。

[23] 王丽丽、陈加飞:《习近平对马克思主义中国化主体建设的理论思考与实践布局》,《广西社会科学》2016年第5期。

[24] 李国泉:《论马克思主义的理论自信、理论自觉、理论自强——学习习近平总书记关于坚持和发展马克思主义的重要论述》,《湖北社会科学》2016年第8期。

[25] 林星、吴春梅:《习近平“三农”思想分析——基于十八大以来习近平系列重要讲话精神的解读》,《华中农业大学学报(社会科学版)》2016年第4期。

[26] 常君丽、高君:《习近平“三农”战略思想形成与发展的内在逻辑》,《中共山西省委党校学报》2016年第1期。

[27] 陈林:《习近平“三农”思想发展脉络》,《人民论坛》2015年第30期。

[28] 谢卓芝:《习近平“三农”思想述要》,《山东农业大学学报(社会科学

版)》2015 年第 3 期。

［29］人民论坛编辑部:《习近平“三农”思想新观点新论述新要求》,《人民论坛》2015 年第 30 期。

［30］秦志龙、张利珍:《论习近平的马克思主义学习观及其价值意义》,《重庆理工大学学报(社会科学)》2015 年第 9 期。

［31］王伟光:《马克思主义中国化的当代理论成果——学习习近平总书记系列重要讲话精神》,《中国社会科学》2015 年第 10 期。

［32］潘盛洲:《习近平“三农”思想的三个方面》,《人民论坛》2015 年第 30 期。

［33］贾立政:《习近平“三农”思想》,《人民论坛》2015 年第 30 期。

［34］薛启亮:《学习领会习近平“三农”思想重在落实》,《人民论坛》2015 年第 30 期。

［35］唐任伍:《习近平精准扶贫思想阐释》,《人民论坛》2015 年第 30 期。

［36］盛国勇、陈池波:《习近平国家粮食安全战略思想探析》,《探索》2015 年第 4 期。

［37］何慧丽、王辉:《从东方理性复兴的角度看习近平三农战略思想》,《马克思主义与现实》2015 年第 1 期。

［38］贾俊民、葛文光:《关于三农概念与三农问题提法的考察》,《当代中国史研究》2014 年第 1 期。

［39］曹新:《农民变市民:新型城镇化的核心》,《理论学习》2013 年第 9 期。

［40］张强:《中国城乡一体化发展的研究与探索》,《中国农村经济》2013 年第 1 期。

［41］李正华:《对毛泽东探索新中国农村发展道路的再认识》,《当代中国史研究》2013 年第 2 期。

［42］陈锡文:《我国城镇化进程中的“三农”问题》,《国家行政学院学报》2012 年第 6 期。

［43］温铁军、孙永生:《世纪之交的两大变化与三农新解》,《经济问题探索》2012 年第 9 期。

［44］文章、刘从政:《以胡锦涛同志为总书记的党中央领导集体对“三农”理论的创新与实践》,《毛泽东思想研究》2009 年第 2 期。

［45］甘信奎:《城市化主导下的社会变迁与农村社区的现代特征》,《理论导刊》2008 年第 9 期。

［46］孟建柱:《加强村落社区建设 促进农村和谐发展》,《求是》2006 年第 21 期。

［47］金丽馥:《邓小平“三农”思想探要》,《扬州大学学报（人文社会科学版）》2006 年第 1 期。

［48］汪宗田、吴东华、李熙麓:《毛泽东的“三农”思想及其实践价值》,《科学社会主义》2006 年第 2 期。

［49］周长明:《邓小平关于“三农”问题的认识维度探析》,《毛泽东思想研究》2005 年第 2 期。

［50］王道坤:《论邓小平“三农”思想》,《西南民族大学学报（人文社科版）》2005 年第 2 期。

［51］陆学艺:《中国“三农”问题的由来和发展》,《当代中国史研究》2004 年第 3 期。

［52］孟志中:《深化邓小平“三农”思想研究》,《中国特色社会主义研究》2004 年第 3 期。

［53］李正文:《创新是江泽民同志“三农”思想的核心》,《毛泽东思想研究》2003 年第 4 期。

［54］金丽馥:《江泽民“三农”思想探要》,《江苏大学学报（社会科学版）》2003 年第 2 期。

［55］韩德强:《解决“三农”问题需要处理的七个关系》,《探索与争鸣》2002 年第 4 期。

［56］王玉珍:《中国共产党人对我国“三农”问题的探索》,《南京社会科学》2001 年第 1 期。

［57］郑有贵:《10 次中共中央全会通过的农业决议与当代中国“三农”政策演变》,《当代中国史研究》2001 年第 5 期。

［58］晓亮:《从战略高度看“三农”问题》,《理论前沿》2001 年第 17 期。

［59］宋亚平:《“三农”问题的根本出路在于现代化》,《江汉论坛》2000 年第 8 期。

[60] 文选德:《从战略高度看"三农"问题》,《求是》2000 年第 23 期。

[61] 郑有贵:《毛泽东的"三农"现代化思想与当代农村改革》,《党的文献》1999 年第 3 期。

[62] 张重书:《小城镇建设——解决我国"三农"问题的重要途径》,《理论与改革》1998 年第 2 期。

[63] 章文军:《毛泽东与中国传统的重农思想》,《毛泽东思想研究》1995 年第 4 期。

[64] 王磊:《毛泽东农业机械化思想述论》,《当代中国史研究》1995 年第 4 期。

[65] 张涛:《毛泽东孙中山农民问题理论的比较研究——兼析农民问题与辛亥革命的结局》,《河北师范大学学报(哲社版)》1991 年第 2 期。

[66] 刘裕清:《论我国农业的社会主义改造》,《历史研究》1981 年第 5 期。

[67] 李颜伟:《〈中国乡村生活〉解读》,《天津大学学报(社会科学版)》2003 年第 1 期。

[68] 秦晖:《传统中华帝国的乡村基层控制:汉唐间的乡村组织》,《中国乡村研究》2003 年第 1 期。

[69] 徐乐俊:《村民自治 未上坦途》,《农村工作通讯》2004 年第 8 期。

[70] 王朔柏、陈意新:《从血缘群到公民化:共和国时代安徽农村宗族变迁研究》,《中国社会科学》2004 年第 1 期。

[71] 郭世江、李长征、陈琳:《浅析县级财政摆脱困境的对策》,《商场现代化》2005 年第 2 期。

[72] 许远旺、陆继锋:《现代国家建构与中国乡村治理结构变迁》,《中国农村观察》2006 年第 5 期。

[73] 曹文安:《论社会治安防控体系的构建》,《山东警察学院学报》2006 年第 2 期。

[74] 郑风田、李明:《新农村建设视角下中国基层县乡村治理结构》,《中国人民大学学报》2006 年第 5 期。

[75] 周飞舟:《从汲取型政权到"悬浮型"政权——税费改革对国家与农民关系之影响》,《社会学研究》2006 年第 3 期。

[76] 贺东航:《面对中国现代国家构建的思考——兼评福山的〈国家构建——21 世纪的治理与世界秩序〉》,《社会主义研究》2007 年第 5 期。

[77] 渠敬东、周飞舟、应星:《从总体支配到技术治理——基于中国 30 年改革经验的社会学分析》,《中国社会科学》2009 年第 6 期。

[78] 徐勇:《农民理性的扩张:“中国奇迹”的创造主体分析——对既有理论的挑战及新的分析进路的提出》,《中国社会科学》2010 年第 1 期。

[79] 冯兴元:《县乡财政管理体制:特点、问题与改革》,《农业经济问题》2010 年第 1 期。

[80] 杜剑华:《新时期社会矛盾的类型、特点、性质、成因和规律》,《法制与社会》2010 年第 25 期。

[81] 李志刚、刘晔:《中国城市“新移民”社会网络与空间分异》,《地理学报》2011 年第 6 期。

[82] 冯兴元:《单一税制与中国个税改革》,《三月风》2012 年第 2 期。

[83] 王国辉:《国外村民自治研究的三种理论路径评析及庇护主义视角的提出》,《烟台大学学报(哲学社会科学版)》2013 年第 1 期。

[84] 徐义强:《葛学溥与 20 世纪初潮州乡村生活的人类学书写——以华南的乡村生活为中心的讨论》,《汕头大学学报(人文社会科学版)》2013 年第 2 期。

[85] 杨光斌、舒卫方:《“公正社会”取向的国家治理与制度建设——党的十八大与中国的政治发展》,《行政论坛》2013 年第 1 期。

[86] 王勉:《基于创新流程的创新战略与创新模式分析》,《科技管理研究》2014 年第 6 期。

[87] 孙柏瑛、邓顺平:《以执政党为核心的基层社会治理机制研究》,《教学与研究》2015 年第 1 期。

[88] 陈辉:《中美城市基层治理的比较研究——以南京与芝加哥为例》,《学术界》2015 年第 4 期。

[89] 王彦平:《我国农村公共产品供给存在的问题、成因及解决对策》,《理论探讨》2015 年第 6 期。

[90] 曲延春、王淑晴:《乡镇政府职能转变的制约因素论析:整体性视域》,《农业经济问题》2016 年第 8 期。

[91] 于建嵘:《经济下行背景下的社会稳定问题》,《华中师范大学学报(人文社会科学版)》2017年第3期。

[92] 陈幽泓:《中共中央、国务院出台〈关于加强和完善城乡社区治理的意见〉》,《住宅与房地产》2017年第34期。

[93] 孟磊:《土地改革背景下乡土社会秩序的变迁与重塑——读韩丁的〈翻身——中国一个村庄的革命纪实〉》,《山东科技大学学报(社会科学版)》2017年第6期。

[94] 张艳娥:《马克思总体制度方法论的当代运用与创新——习近平制度方法论探析》,《党政研究》2018年第3期。

[95] 王千:《习近平关于社会治理的重要论述与中国特色社会治理格局构建》,《河南社会科学》2018年第10期。

[96] 罗志刚:《中国城乡社会协同治理的逻辑进路》,《江汉论坛》2018年第2期。

[97] 刘开君、刘太刚:《创新社会治理的三重维度:理念、制度和政策》,《天津行政学院学报》2019年第1期。

[98] 刘开君:《运动式治理的运行逻辑与现代化转型——基于中国式官僚制组织视角的整体性探析》,《江汉论坛》2019年第7期。

[99] 章泽楠:《打造县域城市基层社会治理样板派出所的实践与思考——以绍兴市公安局上虞区分局为例》,《公安学刊(浙江警察学院学报)》2019年第12期。

[100] 屈群苹:《嵌入式治理:城市基层社会治理压力的组织化解逻辑——基于浙江省H市S社区的理性审视》,《浙江学刊》2019年第6期。

[101] 叶继红、吴新星:《新时代基层社会网格化联动治理实践创新——对中国特色社会治理模式的探索》,《理论月刊》2019年第10期。

[102] 营立成:《新中国70年首都基层社会治理的发展逻辑与经验启示》,《社会治理》2019年第9期。

[103] 刘开君:《以制度化推动新乡贤回归乡村治理可持续发展——基于对上虞乡贤回归乡村治理实践的反思》,《中共珠海市委党校珠海市行政学院学报》2020年第1期。

［104］王杨:《传统士绅与次生治理：旧基层社会治理形态的新考察》,《浙江社会科学》2020 年第 2 期。

［105］衡霞:《基层社会治理中群众路线制度优势的理论阐释》,《行政论坛》2020 年第 3 期。

［106］王永、兴王芳:《国家治理现代化的技术路径分析——以大数据和人工智能发展为例》,《理论与现代化》2020 年第 3 期。

［107］徐宪:《以百姓心为心 : 我国历代基层社会治理思想探微》,《重庆工商大学学报（社会科学版）》2020 年第 5 期。

［108］宁洁、韩桥生:《以人民为中心：我国国家治理现代化的价值导向》,《江西社会科学》2020 年第 6 期。

［109］陈友华、夏梦凡:《社区治理现代化：概念、问题与路径选择》,《学习与探索》2020 年第 6 期。

［110］金伯中:《论“枫桥经验”的文化底蕴》,《公安学刊（浙江公安高等专科学校学报）》2004 年第 3 期。

［111］金伯中:《论“枫桥经验”的时代特征和人本思想》,《公安学刊（浙江公安高等专科学校学报）》2004 年第 5 期。

［112］叶寒冰:《论“枫桥经验”蕴含的人本思想》,《公安学刊（浙江警察学院学报）》2004 年第 4 期。

［113］孙陈超、张晓满:《枫桥镇固本强基谱新篇》,《今日浙江》2006 年第 12 期。

［114］史济锡:《创新“枫桥经验”推进法治建设 构建和谐社会》,《政策瞭望》2006 年第 9 期。

［115］王辉忠:《坚持“枫桥经验”所蕴含的和谐思想以“两个最大”理念推进公安工作科学发展》,《公安学刊（浙江警察学院学报）》2008 年第 6 期。

［116］蒋国长、徐向群、施峥:《新的历史起点上“枫桥经验”的时代内涵》,《公安学刊（浙江警察学院学报）》2009 年第 1 期。

［117］谌洪果:《“枫桥经验”与中国特色的法治生成模式》,《法律科学（西北政法大学学报》2009 年第 1 期。

［118］赵柯涛、周晓刚、张建国:《枫桥古镇历史街区保护与更新探析》,《湖

北农业科学》2012 年第 12 期。

[119] 李霞:《社会组织参与社区治理的路径研究》, 青岛大学硕士学位论文,2017 年。

[120] 赵黎:《社会变迁中乡村社会民间法的历史命运》, 南京师范大学硕士学位论文,2002 年。

[121] 戚研:《习近平"三农"思想研究》,江苏大学硕士学位论文,2017 年。

[122] 张黎:《习近平"强农惠农富农"战略发展思想研究》, 华中师范大学硕士学位论文, 2016 年。

[123] 张媛媛:《中共历代领导核心的"三农"思想研究》, 江苏大学硕士学位论文, 2016 年。

[124] 苏惠娟:《习近平生态思想研究》, 扬州大学硕士学位论文, 2016 年。

[125] 董兴华:《习近平生态文明建设思想的哲学分析》, 云南大学硕士学位论文, 2016 年。

[126] 胡章平:《习近平"三农"思想研究》,安徽大学硕士学位论文,2016 年。

[127] 岳雪侠:《习近平党建思想研究》,河北师范大学博士学位论文,2016 年。

[128] 高岳峰:《马克思主义农村发展理论与社会主义新农村建设》, 武汉大学博士学位论文, 2014 年。

[129] 朱志强:《农村新型社区建设若干问题研究——以济南市为例》, 山东大学硕士学位论文, 2011 年。

[130] 罗春慧:《中国农村城镇化进程中农村社区建设问题研究》, 吉林大学硕士学位论文, 2011 年。

报刊文献:

[1] 中国共产党第十八届中央委员会:《中共中央关于全面深化改革若干重大问题的决定》,《人民日报》2013 年 11 月 16 日。

[2] 中国共产党第十八届中央委员会:《中共中央关于全面推进依法治国若干重大问题的决定》,《人民日报》2014 年 10 月 29 日。

[3] 中国共产党第十九届中央委员会:《中共中央关于坚持和完善中国特色社会主义制度 推进国家治理体系和治理能力现代化若干重大问题的决定》,《人

民日报》2019 年 11 月 6 日。

［4］《中共中央国务院关于坚持农业农村优先发展做好“三农”工作的若干意见（2019 年 1 月 3 日）》,《人民日报》2019 年 2 月 20 日。

［5］《中共中央国务院印发〈乡村振兴战略规划（2018—2022 年）〉》,《人民日报》2018 年 9 月 27 日。

［6］习近平:《决胜全面建成小康社会，夺取新时代中国特色社会主义伟大胜利——在中国共产党第十九次全国代表大会上的报告（2017 年 10 月 18 日）》,《人民日报》2017 年 10 月 28 日。

［7］《习近平在农村改革座谈会上强调：加大推进新形势下农村改革力度 促进农业基础稳固农民安居乐业》,《人民日报》2016 年 4 月 29 日。

［8］《习近平主持中央政治局集体学习强调：让农民共享改革发展成果》,《人民日报(海外版)》2015 年 5 月 2 日。

［9］《中央农村工作会议在京召开》,《人民日报》2015 年 12 月 25 日。

［10］《中共中央关于制定国民经济和社会发展第十三个五年规划的建议》,《人民日报（海外版）》2015 年 11 月 4 日。

［11］《中国共产党十八届五中全会在京举行》,《人民日报》2015 年 10 月 30 日。

［12］《习近平出席 2015 减贫与发展高层论坛并发表主旨演讲：携手消除贫困 促进共同发展》,《人民日报》2015 年 10 月 17 日。

［13］《习近平在吉林调研时强调：保持战略定力增强发展自信 坚持变中求新变中求进变中突破》,《人民日报》2015 年 7 月 19 日。

［14］《主动把握和积极适应经济发展新常态 推动改革开放和现代化建设迈上新台阶》,《人民日报》2014 年 12 月 15 日。

［15］《中办印发〈意见〉要求加强基层服务型党组织建设》,《人民日报》2014 年 5 月 29 日。

［16］《习近平在海南考察时强调：加快国际旅游岛建设 谱写美丽中国海南篇》,《人民日报》2013 年 4 月 11 日。

［17］《习近平在湖南考察时强调：深化改革开放推进创新驱动 实现全年经济社会发展目标》,《人民日报》2013 年 11 月 6 日。